GUIA ILUSTRADO DE PERSONAGENS BÍBLICOS

POR GINA DETWILER

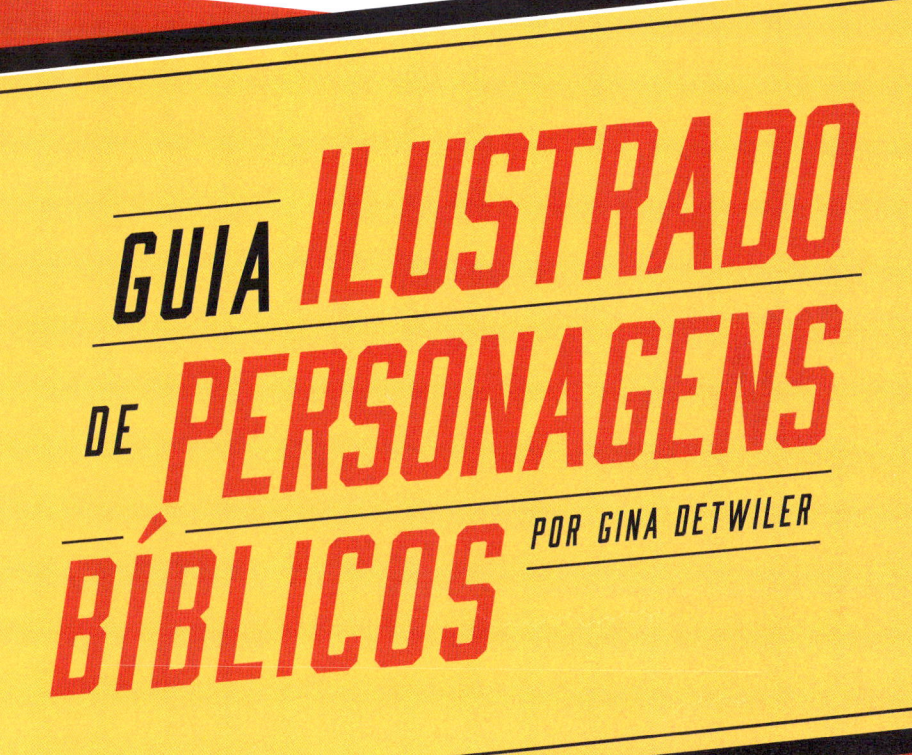

Geográfica editora

GUIA ILUSTRADO DE PERSONAGENS BÍBLICOS

POR GINA DETWILER

1ª edição
Santo André - SP - Brasil
2023

Tradução do original publicado por B&H Publishing Group
Sob o título The Ultimate Bible Character Guide © Gina Detwiler
Published by B&H Publishing Group, a division of Lifeway Christian Resources

© Geográfica Editora
Todos os direitos desta obra pertencem a Geográfica Editora © 2023
www.geografica.com.br
O conteúdo desta obra é de responsabilidade de seus idealizadores.
Quaisquer comentários ou dúvidas sobre este produto escreva para:
produtos@geografica.com.br

Diretora editorial
Maria Fernanda Vigon

Editor chefe
Marcos Simas

Editor assistente
Adriel Barbosa

Tradução
Júlia Ramalho

Preparação de texto
Lilian Condeixa

Revisão
João Rodrigues
Nataniel Gomes
Nívea Alves da Silva
Angela Baptista

Diagramação e adaptação de capa original
Rick Szuecz

SIGA-NOS NAS REDES SOCIAIS

 geograficaed

 geoeditora

 geograficaeditora

 geograficaeditora

D483g   Detwiler, Gina
         Guia ilustrado de personagens bíblicos / Gina
    Detwiler. – Santo André: Geográfica, 2023.

         16x23 cm; il.; 224p.
         ISBN 978-65-5655-402-0

         1. Bíblia sagrada – Biografia. 2. Vida religiosa. I. Título.

         CDU 27-23

A Bíblia é entediante? Não.

Qualquer pessoa que considere a Bíblia entediante, nunca a leu. Ela pode ser esclarecedora, intrigante, misteriosa, edificante e salvadora; entediante, jamais. Trata-se da história do mundo pela ótica de Deus. A história da raça humana. A nossa história. E é uma história muito mais surpreendente e intrigante do que você imagina.

A Bíblia está repleta, não apenas de histórias cativantes, mas também de personagens fascinantes. Escrever o *Guia Ilustrado de Personagens Bíblicos* apresentou-me a muitos personagens que sequer conhecia. Além disso me fez enxergar, sob uma nova perspectiva, aqueles que eu pensava já conhecer tão bem. Por exemplo, você sabia que...

- Enoque e Elias nunca morreram?
- Matusalém viveu até 969 anos de idade?
- Josué capturou trinta e um reis?
- Um rei cananeu foi assassinado no banheiro?
- Davi cortou a cabeça de Golias depois de matá-lo?
- O profeta Ezequiel ficou deitado de lado na rua durante um ano inteiro?
- O rei Xerxes deu uma festa que durou 180 dias?
- João Batista comia gafanhoto?
- Na noite em que foi preso, Jesus suou gotas de sangue?

Esses fatos por si só são a prova de que a Bíblia é o livro mais fascinante que você poderia ler. E cada palavra contida nela é verdadeira.

COMO LER ESTE LIVRO

No *Guia Ilustrado de Personagens Bíblicos*, você encontrará reis e rainhas maus, profetas excêntricos, gigantes e assassinos de gigantes, sacerdotes misteriosos, criminosos humildes, cônjuges ardilosos, servos fiéis e infiéis, seres sobrenaturais, heróis imperfeitos e o Jesus perfeito — que veio para redimir todas as coisas e dar início ao fim da história.

Os personagens estão listados em ordem alfabética,

entretanto, é possível saber onde eles se encaixam na história por meio da consulta à linha do tempo bíblica presente nas páginas 8 a 27. Os contemporâneos de cada um também estão listados para dar uma ideia de quais personagens bíblicos viveram na mesma época. Consulte o sumário nas páginas 6 a 7 se quiser encontrar um personagem específico.

Para descobrir todos esses personagens incríveis, você pode preferir ler este livro do início ao fim, seguindo a ordem normal. Também pode escolher um personagem preferido e, então, procurar seus contemporâneos a fim de montar uma imagem melhor de como era a vida deles naquela época. Além disso, há a opção de se concentrar em um grupo específico de personagens: crianças, reis, vilões ou seres sobrenaturais. Você tem mais de 150 personagens para descobrir nestas páginas.

UM DESAFIO

Espero que este livro desperte sua imaginação e o conduza à própria Bíblia para conhecer "o restante da história". Tenho, ainda, a expectativa de que este guia o ajude a enxergar os personagens bíblicos como seres humanos, assim como você. Eles não são como os heróis e vilões da Marvel; são homens, mulheres e até crianças que lutaram contra a tentação, o medo e a solidão. São pessoas que fracassaram muitas vezes, que perderam a fé e que aprenderam muitas lições da maneira mais difícil. Embora alguns deles tenham escolhido o mal, outros confiaram em Deus e experimentaram da graça do Senhor. E são justamente esses personagens que venceram de verdade.

Então, você está pronto para um desafio? Encontre seus personagens preferidos. Permita que suas histórias — sua fé e suas vitórias — o fortaleçam. Permita que eles o inspirem a firmar sua vida na Palavra de Deus, tendo, como objetivo principal, viver para o Senhor e deixar que ele escreva a sua própria e incrível história.

SUMÁRIO

Personagens ao longo do tempo 8
Abel 28
Abigail 29
Abimeleque 30
Absalão................... 31
Abraão 32
Acabe 34
Acaz...................... 36
Amós...................... 37
Adão...................... 38
Ana (A mãe de Samuel) 40
Ana 41
Anás...................... 42
Ananias e Safira 43
André 44
Apolo.................... 45
Arão 46
Asa 48
Atalia.................... 49
Boaz..................... 50
Balaão................... 51
Barrabás............... 52
Baraque................. 53
Barnabé................. 54
Bate-Seba............... 55

Belsazar 56
Benjamin................. 57
Cam 58
Caifás................... 59
Caim 60
Calebe 61
Os Césares 62
Cornélio 64
Ciro, o grande.......... 65
Daniel................... 66
Davi 68
Débora................... 70
Dalila.................... 72
Eglom 73
Elias 74
Elimas 76
Enoque................... 77
Eliseu................... 78
Esaú..................... 80
Ezequiel 81
Ester 82
Eva...................... 84
Esdras 86
Eli 87
Estêvão................. 88
Ezequias 89

O endemoniado gesareno 90
Filipe 91
Faraó.................... 92
Filipe 94
Fineias.................. 95
Gabriel.................. 96
Gideão 98
Golias 100
Hagar 102
Hamã 103
Os Herodes............ 104
Ismael 106
Isabel.................. 107
Isaías 108
Isaque 110
Jacó.................... 112
Jael 114
Jairo................... 115
Jeorão.................. 116
Josafá.................. 117
Jeremias 118
Jesus Cristo........... 120
Jeú 122
Jefté 123
Jezabel 124
Jeroboão 126

Joabe 127
Jó 128
João 130
João Batista 132
Jonas 134
Jônatas 136
José de Arimatéia 138
José (O pai de Jesus) 139
José (O sonhador) ... 140
Josias 142
Judá 143
Josué 144
Judas Iscariotes 146
Lázaro 148
Lia 149
Lucas 150
Lídia 151
Ló 152
Mulher Samaritana .. 153
Manassés 154
Marcos 155
Maria 156
Maria Madalena 158
Marta e Maria 160
Mateus 162

Melquisedeque 163
Miguel 164
Miriã 165
Moisés 166
Mardoqueu 168
Naamã 169
Nabote 170
Noemi 171
Nabucodonosor 172
Natã 174
Natanael 175
Neemias 176
Nicodemos 178
Ninrode 179
Noé 180
Ogue 182
Oséias 183
Paulo 184
Pedro 186
Pôncio Pilatos 188
Priscila e Áquila 190
Rainha de Sabá 191
Raabe 192
Raquel 194
Rebeca 195
Rute 196

Roboão 197
Sadraque, Mesaque e Abede-Nego 198
Salomão 200
Samuel 202
Sansão 204
Sara 206
Satanás 208
Saul 210
Silas 212
Simão, o mago 213
Tiago (O irmão de Jesus) 214
Tiago (O filho do trovão) 215
Timóteo 216
Tito 217
Tomé 218
Uzias 219
Xerxes 220
Zacarias 221
Zaqueu 222
Zedequias 223

PERSONAGENS AO LONGO DO TEMPO

Anjos e demônios (eternos)

Miguel
P. 164

Gabriel
P. 96

Satanás
P. 208

Idade Antiga (desde antes de 4000 a.C. até cerca de 1900 a.C.)

Adão
Antes de 4000 a.C. • P. 38

Caim
Antes de 4000 a.C. • P. 60

Enoque
Desconhecido • P. 77

Eva
Antes de 4000 a.C. • P. 84

Abel
Antes de 4000 a.C. • P. 28

Abraão
Por volta de 2166 a.C. ● P. 32

Sara
Anos 2100 a.C. ● P. 206

Cam
Desconhecido ● P. 58

Ló
Anos 2100 a.C. ● P. 152

Noé
Desconhecido ● P. 180

Melquisedeque
Por volta de 2100 a.C. ● P. 163

Ninrode
Desconhecido ● P. 179

Hagar
Por volta de 2100 a.C. ● P. 102

Jó
Antes de 2000 a.C. • P. 128

Ismael
Anos 2000 a.C. • P. 106

Lia
Anos 1900 a.C. • P. 149

Esaú
Por volta de 2000 a.C. • P. 80

Raquel
Anos 1900 a.C. • P. 194

Judá
Por volta de 1920 a.C. • P. 143

Isaque
Anos 2000 a.C. • P. 110

Rebeca
Por volta de 2000s a.C. • P. 195

José (o sonhador)
Por volta de 1915 a.C. • P. 140

Jacó
Por volta de 2000 a.C. • P. 112

Benjamim
Por volta de 1900 a.C. • P. 57

A era das conquistas e dos juízes
(dos anos 1500 a.C. até cerca de 1100 a.C.)

Arão
Por volta de 1530 a.C. • P. 46

Ogue
Por volta de 1500 a.C. • P. 182

Moisés
Por volta de 1526 a.C. • P. 166

Calebe
Por volta de 1486 a.C. • P. 61

Faraó
Por volta de 1500 a.C. • P. 92

Josué
Por volta de 1470s a.C. • P. 144

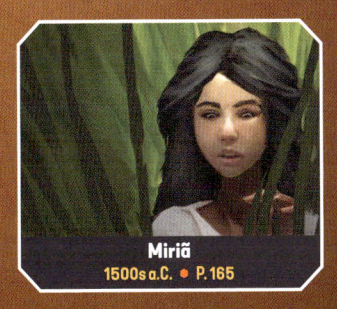

Miriã
1500s a.C. • P. 165

Fineias
Por volta de 1400s a.C. • P. 95

A era das conquistas e dos juízes (continuação)

Eglom
Por volta de 1300 a.C. • P.73

Baraque
Por volta de 1350 a.C. • P.53

Raabe
Por volta de 1430 a.C. • P.192

Jael
Por volta de 1300 a.C. • P.114

Débora
Por volta de 1360 a.C. • P.70

Jefté
Por volta de 1250 a.C. • P.123

Balaão
Por volta de 1440 a.C. • P.51

Gideão
Por volta de 1230 a.C. • P.98

Rute
Por volta de 1175 a.C. • P. 196

Abimeleque
Por volta de 1170 a.C. • P. 30

Boaz
Por volta de 1200 a.C. • P. 50

Sansão
Por volta de 1100 a.C. • P. 204

Ana (A mãe de Samuel)
Por volta de 1140 a.C. • P. 40

Noemi
Por volta de 1225 a.C. • P. 171

Eli
1170 a.C. • P. 87

Dalila
Por volta de 1100 a.C. • P. 72

A era dos Reis e dos Profetas (de cerca de 1100 a.C. a 400 a.C.)

Saul
Por volta de 1080 a.C. ● P. 210

Davi
Por volta de 1040 a.C. ● P. 68

Abigail
Por volta de 1030 a.C. ● P. 29

Golias
Por volta de 1100 a.C. ● P. 100

Jônatas
Por volta de 1050 a.C. ● P. 136

Samuel
Por volta de 1100 a.C. ● P. 202

Joabe
Por volta de 1050 a.C. ● P. 127

Bate-Seba
Por volta de 1010 a.C. ● P. 55

Salomão
Por volta de 1000 a.C. • P. 200

Rainha de Sabá
Por volta de 1000 a.C. • P. 191

Asa
Por volta de 932 a.C. • P. 45

Roboão
Por volta de 975 a.C. • P. 197

Absalão
Por volta de 1000 a.C. • P. 31

Jeroboão
Por volta de 950 a.C. • P. 126

Natã
Por volta de 1000 a.C. • P. 174

Acabe
Por volta de 905 a.C. • P. 34

A era dos Reis e dos Profetas (continuação)

Nabote
Por volta de 900 a.C. • P. 170

Eliseu
Por volta de 880 a.C. • P. 78

Jezabel
Por volta de 900 a.C. • P. 124

Jeú
Por volta de 880 a.C. • P. 122

Josafá
Por volta de 900 a.C. • P. 177

Atalia
Por volta de 880 a.C. • P. 48

Elias
Por volta de 900 a.C. • P. 74

Jorão
Por volta de 880 a.C. • P. 112

Jonas
In 800s a.C. • P. 134

Oséias
Por volta de 780 a.C. • P. 183

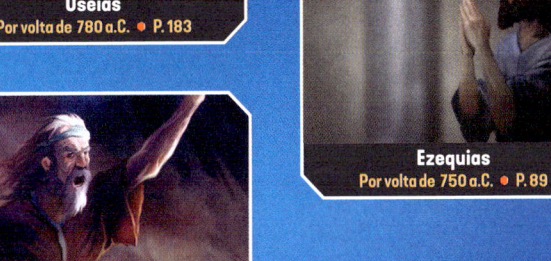

Ezequias
Por volta de 750 a.C. • P. 89

Amós
Por volta de 780 a.C. • P. 37

Naamã
850 a.C.C • P. 169

Acaz
Por volta de 755 a.C. • P. 36

Uzias
Por volta de 800 a.C. • P. 219

Isaías
Por volta de 710 a.C. • P. 108

Manassés
Por volta de 700 a.C. • P. 154

Daniel
Por volta de 621 a.C. • P. 66

Nabucodonosor
Por volta de 630 a.C. • P. 172

Zedequias
Por volta de 620 a.C. • P. 223

Josias
Por volta de 650 a.C. • P. 142

Ezequiel
Por volta de 620 a.C. • P. 81

Jeremias
Por volta de 650 a.C. • P. 118

Sadraque, Mesaque e Abede-Nego
Por volta de 620 a.C. • P. 198

Xerxes
518 a.C. • P. 220

Hamã
Por volta de 500 a.C. • P. 103

Belsazar
Por volta de 600 a.C. • P. 56

Ester
Por volta de 500 a.C. • P. 82

Ciro, o Grande
Por volta de 599 a.C. • P. 65

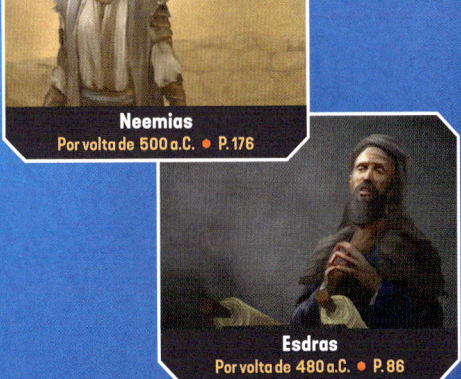

Neemias
Por volta de 500 a.C. • P. 176

Mardoqueu
540 a.C. • P. 168

Esdras
Por volta de 480 a.C. • P. 86

A era de Jesus, seus amigos e inimigos
(de cerca de 100 a.C. ao primeiro século d.C.)

Augusto
63 a.C. • P. 62

Herodes, o Grande
73 a.C. • P. 104

Isabel
Por volta de 40 a.C. • P. 107

Zacarias
Por volta de 50 a.C. • P. 221

Anás
Por volta de 25 a.C. • P. 41

Ana
Por volta de 100 a.C. • P. 41

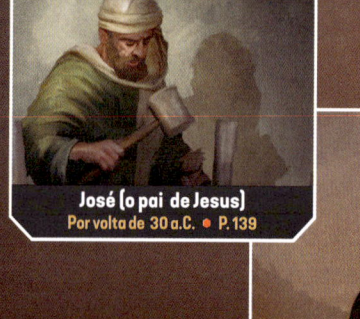

José (o pai de Jesus)
Por volta de 30 a.C. • P. 139

Nicodemos
Por volta de 25 a.C. • P. 178

José de Arimateia
Por volta de 20 a.C. • P. 138

Pedro
Por volta de 10 a.C. • P. 186

Caifás
Por volta de 20 a.C. • P. 59

Herodias
Por volta de 9 a.C. • P. 105

Maria
Por volta de 20 a.C. • P. 156

Pôncio Pilatos
Por volta de 20 a.C. • P. 188

Herodes Antipas
21 a.C. • P. 104

A era de Jesus, seus amigos e inimigos
(de cerca de 100 a.C. ao primeiro século d.C.)

João Batista
Por volta de 6 a.C. • P. 132

Barrabás
Por volta de d.C. 1 • P. 52

Jesus Cristo
Por volta de 5 a.C. • P. 120

André
Por volta de 5 a.C. • P. 43

João
Primeiro século d.C. • P. 131

Judas Iscariotes
Primeiro século d.C. • P. 146

Jairo
Primeiro século d.C. • P. 115

Mateus
Primeiro século d.C. • P. 162

O endemoniado por uma legião
Primeiro século d.C. • P. 90

Tiago (o irmão de Jesus)
Primeiro século d.C. • P. 214

Lázaro
Primeiro século d.C. • P. 148

Marta e Maria
Primeiro século d.C. • P. 156

Tiago (Filho do Trovão)
Primeiro século d.C. • P. 215

Marcos
Primeiro século d.C. • P. 155

A era de Jesus, seus amigos e inimigos

(de cerca de 100 a.C. ao primeiro século d.C.)

Maria Madalena
Primeiro século d.C. • P. 158

Estêvão
Primeiro século d.C. • P. 88

Filipe (um apóstolo inteligente)
Primeiro século d.C. • P. 94

Mulher samaritana
Primeiro século d.C. • P. 153

Tomé
Primeiro século d.C. • P. 218

Natanael
Primeiro século d.C. • P. 175

Zaqueu
Primeiro século d.C. • P. 222

A era dos primeiros cristãos e seus desafiadores (de cerca de 4 a.C. ao primeiro século d.C.)

Herodes Agripa I
Por volta de 10 a.C. • P. 105

Herodes Agripa II
27 d.C. • P. 105

Tibério
42 a.C. • P. 62

Cláudio
10 a.C. • P. 63

Nero
37 d.C. • P. 63

Paulo
Por volta de 4 a.C. • P. 184

A era dos primeiros cristãos e seus desafiadores (continuação)

Barnabé
Primeiro século d.C. • P. 54

Cornélio
Primeiro século d.C. • P. 64

Ananias e Safira
Primeiro século d.C. • P. 42

Elimas
Primeiro século d.C. • P. 76

Apolo
Primeiro século d.C. • P. 44

Lucas
Primeiro século d.C. • P. 150

Priscila e Áquila
Primeiro século d.C. • P. 190

Timóteo
Primeiro século d.C. • P. 216

Lídia
Primeiro século d.C. • P. 151

Silas
Primeiro século d.C. • P. 212

Tito
Primeiro século d.C. • P. 217

Filipe (o evangelista)
Primeiro século d.C. • P. 91

Simão, o Mago
Primeiro século d.C. • P. 213

ABEL

A PRIMEIRA VÍTIMA DE ASSASSINATO DO MUNDO

HISTÓRIA NA BÍBLIA: Gênesis 4.

NASCIMENTO: antes de 4000 a.C.

SIGNIFICADO DO NOME: "Sopro".

OCUPAÇÃO: Pastor.

PARENTES: Pai: Adão. Mãe: Eva.
Irmãos: Caim e Sete.

FICOU CONHECIDO POR: Ter sido assassinado
por seu irmão Caim.

- Segundo filho de Adão e Eva.
- Tinha muita fé em Deus.
- Deu uma oferta agradável ao Senhor – as primeiras crias do seu rebanho.
- Assassinado no campo pelo seu irmão Caim, cuja oferta não foi aceita por Deus.
- O seu sangue clamou da terra pela vingança do Criador.

ABIGAIL

HISTÓRIA NA BÍBLIA: 1Samuel 25; 1 Crônicas 3.

NASCIMENTO: por volta de 1030 a.C.

SIGNIFICADO DO NOME: "Meu pai é alegre".

OCUPAÇÃO: Esposa.

PARENTES: Primeiro marido: Nabal. Segundo marido: Davi. Filho: Quileabe (Daniel).

FICOU CONHECIDA POR: impedir um ataque vingativo ao preparar uma refeição.

Abigail era a mulher de um dono de ovelhas muito rico e mau, chamado Nabal. Certo dia, Davi e seus guerreiros chegaram à propriedade de Nabal. Eles pediram comida em troca de proteger os pastores de Nabal e também seus campos, enquanto estivessem ali. Porém, Nabal além de recusar essa oferta, insultou Davi de tal maneira, que este decidiu atacá-lo.

Contudo, Abigail, além de bonita, era inteligente. Ela preparou um grande banquete e o colocou sobre jumentos e o levou até Davi. Essa foi a primeira refeição preparada "para viagem" na Bíblia. Ela se desculpou com Davi pelo mau comportamento de seu marido, cujo nome significa "insensato".

Quando descobriu o que sua mulher havia feito, Nabal ficou tão perplexo, que sofreu um ataque e ficou paralisado como uma pedra. Ele morreu dez dias depois. Davi, então, pediu que Abigail se tornasse sua mulher e ela aceitou. Alguns anos depois, Abigail foi sequestrada por invasores, mas Davi foi atrás deles e a trouxe de volta em segurança.

ABIMELEQUE — O IRMÃO MAU

HISTÓRIA NA BÍBLIA: Juízes 9.

NASCIMENTO: por volta de 1170 a.C.

SIGNIFICADO DO NOME: "O pai é rei".

OCUPAÇÃO: Rei de Siquém.

PARENTES: Pai: Gideão (também conhecido como Jerubaal).
Mãe: serva não identificada de Gideão.
Irmãos: Jotão e outros setenta não identificados.

- Abimeleque era o filho ganancioso e corrupto do herói Gideão.

- Ele conspirou com a família de sua mãe em Siquém para assassinar todos os setenta meio irmãos para que pudesse ser nomeado rei. Apenas um desses irmãos, Jotão, conseguiu escapar.

- Os líderes de Siquém nomearam Abimeleque como rei.

- Jotão amaldiçoou todos os homens que ajudaram a nomear Abimeleque como rei.

- Abimeleque governou durante três anos.

- Deus enviou um espírito maligno para Abimeleque e os líderes da cidade.

- O povo rebelou-se contra Abimeleque.

- Abimeleque destruiu brutalmente todos os rebeldes, matando todas as pessoas e dizimando cada uma das aldeias.

- Quando ele estava atacando uma torre alta, uma mulher jogou uma pedra de moinho em sua cabeça, rachando-lhe o crânio.

- Abimeleque chamou o seu escudeiro e ordenou que ele o matasse para que não dissessem que uma mulher o matou.

ABSALÃO

- Terceiro filho de Davi.
- Homem bonito, com cabelos longos, grossos e esvoaçantes.
- Bom guerreiro.
- Declarou-se rei e deu início a uma revolta contra seu pai.
- Forçou Davi ao exílio.
- Perdeu a batalha quando Davi voltou para desafiá-lo.
- Tentou fugir, montado em uma mula, mas seu cabelo ficou preso nos galhos de uma árvore.
- Absalão foi morto por Joabe, general de Davi (contra suas ordens), enquanto estava pendurado na árvore pelo cabelo.

HISTÓRIA NA BÍBLIA:
2Samuel 13 – 18.

NASCIMENTO: Por volta de 1000 a.C., em Hebrom.

SIGNIFICADO DO NOME:
"Meu pai é paz"

OCUPAÇÃO: Guerreiro

PARENTES: Pai: Davi.
Mãe: Maaca.
Irmãos: Amnon, Tamar e muitos outros.

FICOU CONHECIDO POR:
Liderar uma rebelião contra o próprio pai, o rei Davi.

31

ABRAÃO — O AMIGO DE DEUS

HISTÓRIA NA BÍBLIA: Gênesis 11–25.

NASCIMENTO: Por volta de 2166 a.C.

SIGNIFICADO DO NOME: "Pai de um grande povo".

OCUPAÇÃO: Pastor e guerreiro.

PARENTES: Pai: Terá. **Esposa:** Sara. **Irmãos:** Harã e Naor. **Sobrinho:** Ló. **Filhos:** Ismael, Isaque e mais seis.

FICOU CONHECIDO POR: Ser o fundador da nação judaica.

Deus disse a Abraão que ele seria o pai de uma grande nação. No entanto, o tempo foi passando, Abraão ficava cada vez mais velho, e ainda não tinha filhos. Então, certo dia, quando Abraão estava com noventa e nove anos, recebeu a visita de três homens. Um desses homens disse a Abraão que, dentro de um ano, ele teria um filho. Esses "homens", porém, não eram humanos, mas eram, na verdade, o próprio Senhor e dois anjos.

Mesmo assim, Abraão teve dificuldade de acreditar. Afinal, sua mulher, Sara, estava com oitenta e nove anos – era muito idosa para ter um filho. Porém, Abraão confiou no Senhor, apesar de suas dúvidas. E, exatamente como Deus prometera, Sara deu à luz um menino chamado Isaque. Abraão ficou cheio de alegria.

Alguns anos depois, o Senhor pediu que Abraão levasse seu único filho, Isaque, até o topo de um monte e o sacrificasse. Abraão deve ter ficado extremamente confuso e assustado. No entanto, mais uma vez, ele confiou em Deus e obedeceu às suas instruções.

Ele levou Isaque até o monte Moriá, onde preparou um altar para colocar o filho amado sobre ele. Assim que Abraão levantou a faca para sacrificar Isaque, o anjo do Senhor o chamou para impedi-lo de fazer isso. O Senhor testou Abraão e provou que ele era fiel. Daquele momento em diante, o Senhor abençoou Abraão e começou a cumprir a promessa de tornar os seus descendentes tão numerosos quanto as estrelas do céu.

- Nome original era Abrão, "pai de um povo".
- Nasceu em uma família pagã em Ur (atual Iraque).
- Ordenado por Deus a deixar sua parentela e se mudar para uma terra nova.
- O Senhor mudou seu nome para Abraão e fez uma aliança com ele para torná-lo uma grande nação.
- Peregrinou durante décadas.
- Ficou exilado no Egito por um tempo.
- Resgatou o sobrinho Ló quando foi capturado durante uma guerra.
- Foi abençoado por Melquisedeque, o sacerdote misterioso.
- Tentou convencer Deus a não destruir Sodoma.
- Deus chamou Abraão de seu amigo.

PONTOS FORTES:
- Conhecido por sua fé e obediência a Deus.
- Corajoso em face do perigo.
- Rico, generoso e honrado.

PONTOS FRACOS:
- Às vezes não dizia a verdade.
- Nem sempre seguia corretamente as direções recebidas.

VOCÊ SABIA?

Abraão é mencionado 307 vezes em vinte e sete livros da Bíblia.

ACABE — O REI QUE ADORAVA OUTRO DEUS

HISTÓRIA NA BÍBLIA: 1Reis 16–18; 20–22.

NASCIMENTO: Por volta de 905 a.C. em Judá.

SIGNIFICADO DO NOME: "Irmão do pai".

OCUPAÇÃO: Sétimo rei de Israel (reino do norte).

PARENTES: Pai: Onri. Esposa: Jezabel.
Filhos: Atalia, Acazias e Jorão.

CONTEMPORÂNEOS: Elias, Micaías,
Ben-Hadade (rei da Síria), Josafá (rei de Judá).

FICOU CONHECIDO POR: Levar Israel à idolatria.

VOCÊ SABIA?
O capitão Ahab, personagem do romance Moby Dick, tem muitas semelhanças com o rei Acabe.

- Acabe casou-se com uma princesa pagã e perversa chamada Jezabel, desobedecendo às leis de Deus. Acabe permitiu que ela matasse os profetas do Senhor.

- O seu pecado causou uma seca de três anos em Israel, que terminou quando Elias desafiou os sacerdotes de Baal a um confronto.

- Mandou matar seu vizinho Nabote para tomar posse de sua vinha.

- Acabe arrependeu-se brevemente quando Elias disse que cães lamberiam seu sangue.

PONTOS FORTES:

- Poderoso líder militar.
- Reinado relativamente pacífico.
- Construiu belas cidades.

PONTOS FRACOS:

- Indevidamente influenciado por sua esposa pagã.
- Adorava ídolos.
- Desobediente às leis de Deus.
- Cometeu assassinato.

Acabe poderia ter sido um grande rei se não tivesse sido influenciado por Jezabel. Mesmo enquanto adorava aos ídolos Baal e Aserá, o rei Acabe continuava adorando a Deus. Então, o profeta Elias disse ao rei e ao seu povo que eles deveriam escolher: "Até quando vocês vão oscilar entre duas opiniões? Se o Senhor é Deus, sigam-no; mas, se Baal é Deus, sigam-no."

No entanto, Acabe não fez sua escolha. Antes de entrar em guerra contra a Síria, o profeta Micaías contou ao rei que ele perderia a batalha e seria morto. O profeta, então, disse que Deus enviara um "espírito mentiroso" para fazer com que Acabe fosse à guerra. Esse "espírito mentiroso" foi posto na boca de quatrocentos profetas que disseram ao rei que ele venceria a batalha.

Acabe ficou furioso com a profecia de Micaías e mandou prendê-lo. Mesmo assim, com medo de morrer, o rei tentou se proteger. Assim, quando foi para a batalha, colocou um disfarce - vestiu-se como um soldado comum, em vez de usar vestes reais.

Porém, isso não funcionou, porque uma flecha perdida o atingiu entre os encaixes da armadura. O rei permaneceu em pé na carruagem. Sangrou até morrer enquanto via a batalha ser perdida pelo seu exército. Após sua morte, a carruagem de guerra do rei foi lavada em um açude na Samaria. Lá, os cães lamberam seu sangue, conforme a palavra do Senhor havia declarado por meio do profeta Elias.

ACAZ
UM DOS REIS MAIS PERVERSOS

HISTÓRIA NA BÍBLIA: 2Reis 16; 2Crônicas 28; Isaías 7.

NASCIMENTO: Por volta de 755 a.C., em Judá

SIGNIFICADO DO NOME: "Ele [Deus] agarrou".

OCUPAÇÃO: Décimo primeiro rei de Judá.

PARENTES: Pai: Jotão. **Filho:** Ezequias.

CONTEMPORÂNEOS: Peca (rei de Israel), Tiglate-Pileser (rei da Assíria) e Isaías.

FICOU CONHECIDO POR: Levar Judá à idolatria.

- Assumiu o trono aos vinte anos.
- Reinou durante dezesseis anos terríveis.
- Sacrificou seus próprios filhos ao Deus-touro pagão Moloque.
- Redecorou o templo para que se parecesse com um templo pagão.

- Recusou-se a dar ouvidos ao alerta de Isaías para prestar culto somente a Deus.
- Foi atacado por Israel, Edom, Filistia e Assíria – por ordem do Senhor.
- Mais de cem mil pessoas de seu povo foram mortas e duzentas mil foram levadas para o cativeiro.

- Roubou os itens valiosos do templo e entregou-os ao rei da Assíria para comprar proteção (o que não funcionou).
- Seu povo recusou enterrá-lo na sepultura real.
- Faz parte da genealogia de Jesus.

AMÓS

HISTÓRIA NA BÍBLIA: Livro de Amós.

NASCIMENTO: Por volta de 780 a.C.

SIGNIFICADO DO NOME: "Aquele que carrega o fardo".

OCUPAÇÃO: Criador de ovelhas e profeta.

PARENTES: Desconhecidos.

CONTEMPORÂNEOS: Azarias (rei de Judá) e Jeroboão II (rei de Israel).

FICOU CONHECIDO POR: Alertar sobre os tempos difíceis que estavam por vir.

- Não recebeu uma educação formal como os outros profetas.
- Natural de Judá, mas foi enviado a Israel (reino do norte) para pregar.
- Era dono de um pomar de figos e criava ovelhas.
- Apesar da prosperidade do reino, profetizou más notícias.
- Conhecido por discursos contundentes e impetuosos.

- Disse ao povo que eles deveriam começar a adorar somente a Deus e parar de oprimir os pobres, caso contrário sofreriam consequências por sua má conduta.
- Foi acusado de traição e expulso de Israel.
- Suas profecias se cumpriram quando Israel foi conquistado pelos inimigos uma geração mais tarde.

ADÃO — O PRIMEIRO HOMEM DO MUNDO

HISTÓRIA NA BÍBLIA: Gênesis 1–3.

NASCIMENTO: Foi criado já adulto no Jardim do Éden, antes de 4000 a.C.

SIGNIFICADO DO NOME: "Homem".

OCUPAÇÃO: Jardineiro e zoólogo.

PARENTES: Esposa: Eva.
Filhos: Caim, Abel, Sete e muitos outros.

FICOU CONHECIDO POR: Ser o primeiro ser humano na terra.

VOCÊ SABIA?

Não sabemos qual era o "fruto proibido" do Jardim do Éden.

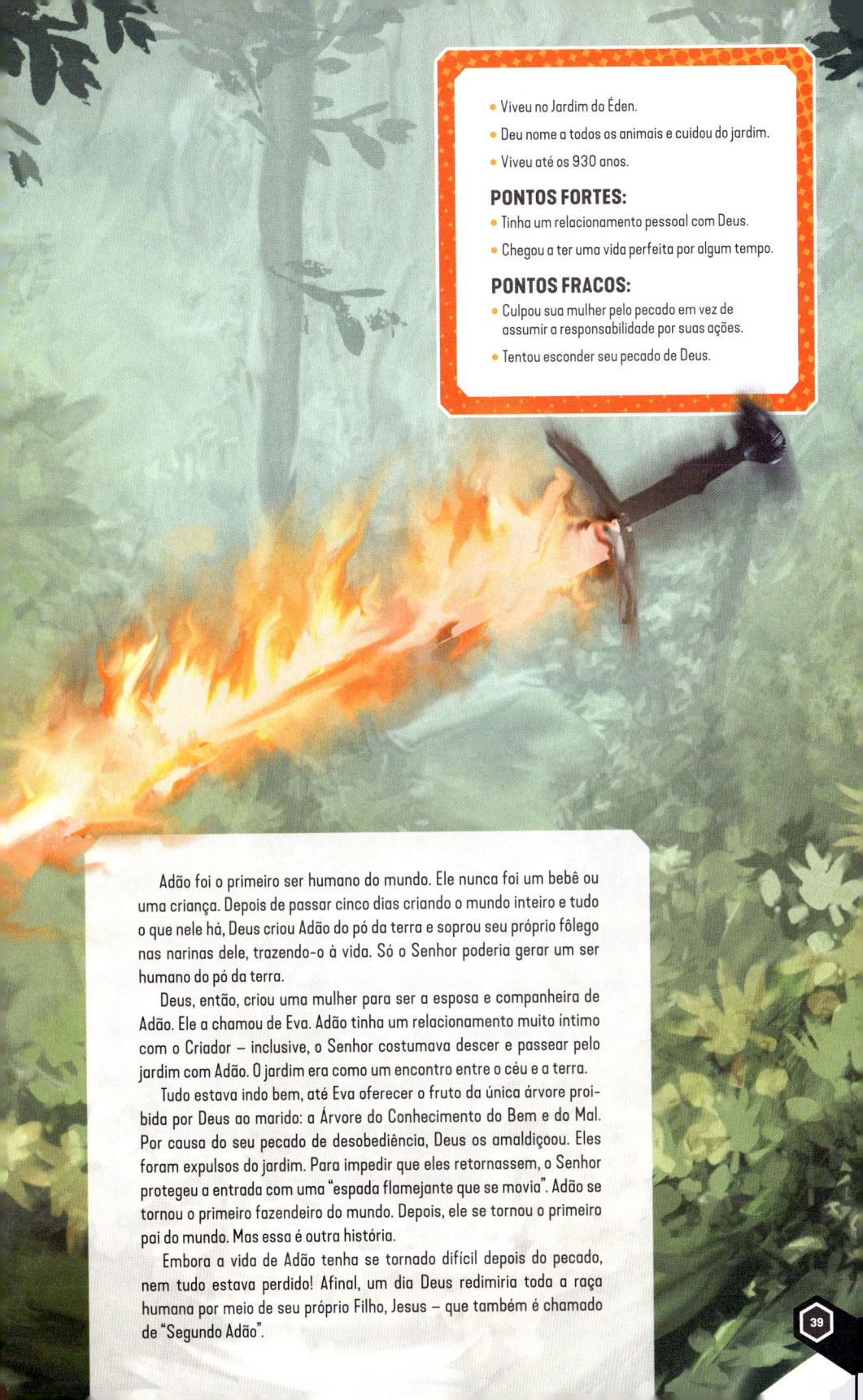

- Viveu no Jardim do Éden.
- Deu nome a todos os animais e cuidou do jardim.
- Viveu até os 930 anos.

PONTOS FORTES:
- Tinha um relacionamento pessoal com Deus.
- Chegou a ter uma vida perfeita por algum tempo.

PONTOS FRACOS:
- Culpou sua mulher pelo pecado em vez de assumir a responsabilidade por suas ações.
- Tentou esconder seu pecado de Deus.

Adão foi o primeiro ser humano do mundo. Ele nunca foi um bebê ou uma criança. Depois de passar cinco dias criando o mundo inteiro e tudo o que nele há, Deus criou Adão do pó da terra e soprou seu próprio fôlego nas narinas dele, trazendo-o à vida. Só o Senhor poderia gerar um ser humano do pó da terra.

Deus, então, criou uma mulher para ser a esposa e companheira de Adão. Ele a chamou de Eva. Adão tinha um relacionamento muito íntimo com o Criador – inclusive, o Senhor costumava descer e passear pelo jardim com Adão. O jardim era como um encontro entre o céu e a terra.

Tudo estava indo bem, até Eva oferecer o fruto da única árvore proibida por Deus ao marido: a Árvore do Conhecimento do Bem e do Mal. Por causa do seu pecado de desobediência, Deus os amaldiçoou. Eles foram expulsos do jardim. Para impedir que eles retornassem, o Senhor protegeu a entrada com uma "espada flamejante que se movia". Adão se tornou o primeiro fazendeiro do mundo. Depois, ele se tornou o primeiro pai do mundo. Mas essa é outra história.

Embora a vida de Adão tenha se tornado difícil depois do pecado, nem tudo estava perdido! Afinal, um dia Deus redimiria toda a raça humana por meio de seu próprio Filho, Jesus – que também é chamado de "Segundo Adão".

ANA

A MÃE DE SAMUEL

HISTÓRIA NA BÍBLIA: 1Samuel 1.

NASCIMENTO: Por volta de 1140 a.C.

SIGNIFICADO DO NOME: "Cheia de graça".

OCUPAÇÃO: Esposa e mãe.

PARENTES: Desconhecidos.

FICOU CONHECIDA POR: Ser a mãe do profeta Samuel.

- Da tribo de Efraim.
- A mais amada entre as duas mulheres de Elcana.
- Vivia angustiada por não ter filhos, como a outra mulher de Elcana tinha.
- Orou com tanto fervor por um filho, que o sacerdote Eli pensou que ela estivesse bêbada.
- Deu à luz a Samuel um ano depois.
- Dedicou Samuel ao Senhor e o levou para ser criado na sinagoga pelo sacerdote Eli quando a criança completou três anos.
- Visitava Samuel todo ano e levava um casaco novo para ele.
- Teve mais cinco filhos depois de Samuel.
- Cantou um louvor profético em agradecimento a Deus por sua fidelidade e graça ao responder à sua oração.

HISTÓRIA NA BÍBLIA: Lucas 2.

NASCIMENTO: Por volta de 100 a.C.

SIGNIFICADO DO NOME: "Cheia de graça".

OCUPAÇÃO: Profetisa.

PARENTE: Pai: Fanuel.

CONTEMPORÂNEOS: Maria, José e Simeão.

FICOU CONHECIDA POR: Proclamar que Jesus era o Messias.

- Profeta no templo de Jerusalém.
- Da tribo de Aser.
- Tinha, provavelmente, mais de cem anos.
- Era viúva havia 84 anos.
- Passava todos os dias orando e jejuando no templo, à espera da chegada do Messias.
- Quando viu o menino Jesus, Ana agradeceu e louvou a Deus por cumprir a promessa que havia feito.
- Falou de Jesus a todos que aguardavam ansiosamente pela "redenção de Jerusalém".

ANÁS | O SUMO SACERDOTE CRUEL

HISTÓRIA NA BÍBLIA: João 18; Atos 4.

NASCIMENTO: Por volta de 25 a.C.

SIGNIFICADO DO NOME: "Misericordioso".

OCUPAÇÃO: Sumo sacerdote.

PARENTES: Pai: Sete. **Sogro:** Caifás.

FICOU CONHECIDO POR: Participar do julgamento de Jesus.

- Ex-sumo sacerdote e sogro do sumo sacerdote, Caifás.

- Primeira pessoa a questionar Jesus após a sua prisão.

- Ganancioso e corrupto.

- Membro do Sinédrio, a corte judaica.

- Odiava Jesus, provavelmente porque sua família ganhava muito dinheiro vendendo animais para serem sacrificados no templo, uma conduta condenada por Jesus.

- Estava presente no julgamento de Pedro e João, quando eles foram presos por pregar sobre Jesus e por curar as pessoas.

ANANIAS E SAFIRA

HISTÓRIA NA BÍBLIA: Atos 5.

NASCIMENTO: Primeiro século d.C.

SIGNIFICADO DOS NOMES: Ananias: "Deus é gracioso". Safira: "Formosa".

OCUPAÇÃO: Proprietários de terras.

CONTEMPORÂNEOS: Pedro e Barnabé.

FICARAM CONHECIDOS POR: Tentarem enganar Deus e pagarem o preço por isso.

Ananias e Safira estavam ansiosos para fazer parte da igreja primitiva de Jerusalém. Eles viram que outros cristãos haviam recebido grandes elogios por venderem suas terras e darem o dinheiro recebido à igreja. Eles, portanto, venderam algumas propriedades, porém entregaram apenas uma parte do dinheiro da venda à igreja. O verdadeiro desejo deles não era ajudar a igreja, mas obter favor e receber elogios dos cristãos por sua atitude.

Quando questionados se haviam entregado todo o dinheiro da venda das terras à igreja, Ananias mentiu, dizendo que sim. Pedro, entretanto, percebeu que não era verdade e perguntou: "Como você permitiu que Satanás enchesse seu coração, a ponto de mentir ao Espírito Santo?" Ananias caiu morto na mesma hora!

Sua mulher, Safira, chegou no mesmo local três horas depois. Ao ser questionada sobre o mesmo assunto, também mentiu e caiu morta, assim como o seu marido. Ananias e Safira viraram exemplos de como a mentira e a hipocrisia eram contrárias à devoção a Deus.

ANDRÉ — O PRIMEIRO DISCÍPULO

HISTÓRIA NA BÍBLIA: Mateus; Marcos; Lucas; João e Atos 1.

NASCIMENTO: Por volta de 5 d.C., em Betsaida.

SIGNIFICADO DO NOME: "Másculo" (incerto).

OCUPAÇÃO: Pescador.

PARENTES: Pai: Jonas. **Irmão:** Simão Pedro.

CONTEMPORÂNEOS: João Batista, Jesus e os discípulos.

FICOU CONHECIDO POR: Apresentar Pedro a Jesus.

- Pescador no mar da Galileia.
- Morava em Cafarnaum com o irmão e a sogra.
- Irmão de Simão Pedro.
- Originalmente discípulo de João Batista.
- Primeiro discípulo de Jesus.
- Contou a Pedro que havia "encontrado o Messias" e o apresentou a Jesus.
- Mais quieto e reservado do que Pedro.
- Encontrou o menino com os cinco pães e os dois peixes que alimentaram uma multidão de cinco mil pessoas.
- Questionou Jesus sobre a futura destruição do templo e sobre os acontecimentos do fim dos tempos.
- Possivelmente pregou na Grécia após a ressurreição de Jesus.
- Acredita-se que ele tenha sido martirizado em uma cruz em forma de X.

PREGADOR CORAJOSO — APOLO

HISTÓRIA NA BÍBLIA: Atos 18; 1Coríntios 3.

NASCIMENTO: Primeiro século d.C.

SIGNIFICADO DO NOME: "Destruidor" (incerto).

OCUPAÇÃO: Pregador em Éfeso e Corinto.

PARENTES: Desconhecidos.

CONTEMPORÂNEOS: Paulo, Priscila e Áquila.

FICOU CONHECIDO POR: Pregar sobre Jesus aos gentios (pessoas que não eram judias).

- Judeu cristão de Alexandria, Egito.
- Chamado por Deus para pregar sobre Jesus em Éfeso e Corinto.
- Pregador poderoso e eloquente.
- Conhecia os ensinamentos de João Batista, mas não toda a história sobre a missão de Jesus.
- Ajudou a estabelecer a igreja em Corinto.

- Aprendeu sobre o evangelho com Áquila e Priscila, amigos do apóstolo Paulo.
- Ficou muito triste quando a igreja se dividiu em duas facções — aqueles que seguiam Apolo e aqueles que seguiam Paulo.
- O apóstolo Paulo encorajou os coríntios, por meio de uma carta, a não seguirem nem a ele nem a Apolo, mas somente a Jesus Cristo.

ARÃO

O IRMÃO MAIS VELHO DE MOISÉS

HISTÓRIA NA BÍBLIA: Êxodo, Levítico, Números, Deuteronômio.

NASCIMENTO: por volta de 1530 a.C., no Egito.

SIGNIFICADO DO NOME: "Montanha alta" (incerto).

OCUPAÇÃO: Sumo sacerdote.

PARENTES: Pai: Anrão. Mãe: Joquebede. Irmã: Miriã. Irmão: Moisés. Esposa: Eliseba. Filhos: Nadabe, Abiú, Eleazar e Itamar.

CONHECIDO POR: ser o primeiro sumo sacerdote de Israel.

- Tribo de Levi – o clã sacerdotal.
- Porta-voz de Moisés ao confrontarem o faraó.
- Ajudou a libertar os israelitas do Egito.
- Assim como seu irmão Moisés, não foi autorizado a entrar na terra prometida.
- Tinha 83 anos quando deixou o Egito.
- Morreu no monte Hor aos 123 anos.
- Eleazar assumiu seu lugar como sumo sacerdote.

PONTOS FORTES

- Excelente orador.
- Nomeado sumo sacerdote por Deus.
- Deus operou milagres por meio dele.

PONTOS FRACOS

- Cedeu facilmente à vontade da multidão.
- Sentiu inveja de Moisés e questionou sua liderança.
- Foi desobediente em momentos cruciais.

VOCÊ SABIA?

Deus usou Arão para dar início às três primeiras pragas do Egito.

Arão conhecia, por experiência própria, o grande poder de Deus. Quando ele jogou seu cajado no chão, aos pés do faraó, esse instrumento transformou-se em uma serpente. Os magos do faraó conseguiram fazer a mesma coisa e, em pouco tempo, o lugar foi tomado por serpentes! Mas, então, a serpente de Arão engoliu todas as outras, provando, assim, que o único e verdadeiro Deus era muito mais poderoso do que qualquer truque de mágica.

Arão era o braço direito de Moisés quando lideraram o povo de Israel em sua saída do Egito. Porém, nem sempre ele seguiu os planos do Senhor. Certa vez, quando Moisés não estava presente, Arão construiu um bezerro de ouro com joias, porque o povo exigiu um ídolo para prestar culto. Além disso, ele também desobedeceu às ordens de Deus a respeito de uma rocha da qual saía água.

Por causa da sua desobediência, Arão foi proibido de entrar na terra prometida. No entanto, Deus perdoou os seus pecados e estabeleceu seus descendentes como sumos sacerdotes de Israel para sempre.

ASA
UM REI BOM

HISTÓRIA NA BÍBLIA: 1Reis 15; 2Crônicas 14–16.

NASCIMENTO: Por volta de 932 a.C.

SIGNIFICADO DO NOME: "Curador".

OCUPAÇÃO: Terceiro rei de Judá, 913 – 873 a.C.

PARENTES: Avó: Maaca. Pai: Abias. Avô: Roboão. Filho: Josafá.

CONTEMPORÂNEOS: Ben-Hadade (rei da Síria) e Baasa (rei de Israel).

FICOU CONHECIDO POR: Fazer Judá voltar a prestar culto só a Deus.

- Reinou por 41 anos.
- Rei humilde que se tornou orgulhoso com o passar do tempo.
- Livrou-se dos ídolos e altares pagãos.
- Restaurou a adoração ao Senhor no templo.
- Tirou a própria avó do trono porque ela era idólatra.
- Reinou durante um longo período de prosperidade e paz.
- Quando foi ameaçado pelo rei Baasa de Israel, fez uma aliança insensata com o rei assírio, oferecendo a ele riquezas do templo.
- Mandou prender o profeta Hanani quando este repreendeu o rei por suas ações.
- Ao ser acometido por uma terrível doença nos pés, Asa não buscou a Deus, mas depositou sua confiança integralmente nos médicos. Eles não conseguiram curá-lo e Asa morreu.

ATALIA

HISTÓRIA NA BÍBLIA: 2Reis 11; 2Crônicas 21–23.

NASCIMENTO: Por volta de 880 a.C.

SIGNIFICADO DO NOME: "O Senhor é exaltado".

OCUPAÇÃO: Rainha de Judá.

PARENTES: Marido: Jeorão (rei de Judá). **Pai:** Acabe (rei de Israel). **Mãe:** Jezabel. **Filho:** Acazias. **Neto:** Joás. **Cunhada:** Jeoseba.

CONTEMPORÂNEOS: Elias, Jeú e Joiada (sacerdote).

FICOU CONHECIDA POR: Ser a única rainha governante na história de Judá.

A princesa Atalia de Israel casou-se com o Príncipe Jeorão de Judá, em uma aliança formada entre os dois reinos. Ela se propôs a fazer em Judá o que a mãe, Jezabel, tinha feito em Israel: fazer com que o marido e o povo deixassem de adorar a Deus e passassem a adorar ídolos pagãos. Atalia foi muito bem-sucedida nessa missão.

Porém, quando o marido morreu de uma terrível doença intestinal (infligida pelo Senhor por causa de seus muitos pecados) e o filho foi assassinado, Atalia decidiu que governaria Judá. Ela, então, ordenou que toda a família real fosse morta, incluindo seus próprios netos, os herdeiros legais do rei Jeorão.

Atalia reinou durante seis anos. Contudo, ela não sabia que o neto mais novo, Joás, estava vivo. Isso porque o menino foi salvo pela filha de Jeorão, Jeoseba. Ela, junto ao marido, o sacerdote Joiada, escondeu Joás em um quarto para protegê-lo. Depois de seis anos, Joiada tramou um golpe. Ele revelou ao povo que Joás estava vivo e fez com que ele fosse coroado o rei legítimo no templo. Quando soube disso, Atalia ficou furiosa e rasgou suas vestes. Mas ela não ficou furiosa por muito tempo, pois Joiada mandou prendê-la e matá-la.

BOAZ | O PARENTE REDENTOR

HISTÓRIA NA BÍBLIA: Livro de Rute; Mateus 1.5.

NASCIMENTO: Por volta de 1200 a.C.

SIGNIFICADO DO NOME: "Grande alegria".

OCUPAÇÃO: Proprietário de terras.

PARENTES: **Pai:** Salmom. **Esposa:** Rute.

FICOU CONHECIDO POR: Casar-se com a viúva Rute e resgatar toda a sua família.

- Rico proprietário de terras em Belém.

- Descendente de Raabe, a mulher cananeia que escondeu os espiões israelitas antes da destruição de Jericó.

- Homem extremamente bondoso e generoso que foi um exemplo do amor de Deus pelo povo.

- Ajudou Rute e sua sogra, Noemi, ao comprar de volta para elas a terra que pertencia ao parente das duas.

- Ao ver Rute colhendo espigas no campo, apaixonou-se por essa viúva moabita, nora do falecido Elimeleque, um de seus parentes.

- Casou-se com Rute embora ela não fosse judia.

- Faz parte da genealogia de Jesus.

BALAÃO

HISTÓRIA NA BÍBLIA: Números 22–24.

NASCIMENTO: Por volta de 1440 a.C.

SIGNIFICADO DO NOME: "Destruidor de uma nação".

OCUPAÇÃO: Feiticeiro e profeta.

PARENTE: Pai: Beor.

CONTEMPORÂNEOS: Balaque (rei de Moabe) e Moisés.

FICOU CONHECIDO POR: Ser contratado para amaldiçoar Israel, mas, em vez disso, a abençoou.

Balaão não era judeu, mas ele acreditava no Senhor. Ele era um profeta que ficara rico distribuindo maldições e bênçãos. Quando o rei moabita Balaque o convidou para ir até o seu reino e amaldiçoar os israelitas, Balaão consultou o Senhor para saber qual era a sua vontade. No início, Deus não permitiu que Balaão fosse até o rei moabita, mas depois ele permitiu, desde que o profeta dissesse apenas aquilo que o Senhor mandasse.

No entanto, enquanto estava na estrada, Balaão provavelmente mudou de ideia ou, talvez, tenha duvidado das instruções do Senhor. Porque, de repente, sua jumenta empacou, recusando-se a seguir em frente. Balaão bateu na jumenta com uma vara – e ela começou a falar. O profeta ficou espantado ao ouvir a jumenta falar com ele. Então, o Senhor abriu os olhos de Balaão e ele viu o que a jumenta estava vendo: um enorme anjo de Deus bloqueando o caminho.

O anjo repreendeu Balaão e o lembrou de que ele deveria dizer somente o que o Senhor ordenasse. Quando chegou a Moabe, em vez de amaldiçoar os israelitas, ele os abençoou. O rei Balaque ficou tão irado que mandou Balaão de volta para casa sem lhe pagar um centavo.

BARRABÁS
UM CRIMINOSO SORTUDO

HISTÓRIA NA BÍBLIA: Mateus 27; Marcos 15; Lucas 23; João 18.

NASCIMENTO: Por volta de 1 d.C.

SIGNIFICADO DO NOME: "Filho do pai".

OCUPAÇÃO: Criminoso.

PARENTES: Desconhecidos.

FICOU CONHECIDO POR: Ter sido escolhido para ser solto da prisão em vez de Jesus.

- Rebelde e assassino muito conhecido.
- Extremamente violento.
- Condenado à morte quando Jesus foi preso.
- Pôncio Pilatos ofereceu um prisioneiro para ser solto na celebração da Páscoa, esperando que a multidão escolhesse Jesus.
- A multidão escolheu soltar Barrabás.
- Após sua libertação, Barrabás desapareceu da história.

BARAQUE

HISTÓRIA NA BÍBLIA: Juízes 4–5; Hebreus 11.

NASCIMENTO: Por volta de 1350 a.C.

SIGNIFICADO DO NOME: "Relâmpago".

OCUPAÇÃO: Líder militar.

PARENTE: Pai: Abinoão.

CONTEMPORÂNEOS: Débora e Sísera.

FICOU CONHECIDO POR: Vencer uma guerra contra os cananeus.

Quando a profetisa Débora disse para Baraque reunir um exército para lutar contra os cananeus, ele ficou com medo. Baraque disse que não faria isso, a menos que ela fosse com ele. Débora concordou, mas alertou Baraque: ele não receberia o crédito caso vencesse a batalha e Sísera, o general cananeu, seria entregue nas mãos de uma mulher.

Baraque juntou dez mil homens e foi, com Débora ao seu lado, para o cume do monte Tabor. Sísera e seu exército, que incluía milhares de carros de guerra, reuniram-se no vale abaixo do monte. Quando a batalha estava prestes a começar, o Senhor enviou uma tempestade violenta para varrer o vale e os carros de guerra ficaram presos na lama.

Então, Baraque e Débora desceram do monte e derrotaram os cananeus. Baraque perseguiu Sísera até uma tenda do território cananeu, onde encontrou o general já morto por uma mulher chamada Jael.

- Da tribo de Naftali.
- Comandante militar na época dos Juízes.
- Citado como um dos heróis da fé no livro de Hebreus.

BARNABÉ
O ENCORAJADOR

- Judeu de Chipre (uma ilha grega).
- Seu nome original era José.
- Vendeu sua casa e se mudou para Jerusalém para fazer parte do movimento cristão.
- Era chamado de apóstolo, embora não seja um dos doze apóstolos originais.
- Conhecido por encorajar os seguidores de Jesus.
- Apresentou Paulo aos apóstolos após a sua conversão.
- Graças à sua intervenção, os apóstolos aceitaram receber Paulo que, antes, perseguia a igreja primitiva.
- Viajou com Paulo em diversas viagens missionárias.
- Apelidado de "Zeus" pelo povo de Listra por causa de sua presença marcante.
- Ajudou Paulo a plantar uma igreja em Antioquia.
- Levou as ofertas que recolheu em suas viagens para Jerusalém durante o período de fome.
- Separou-se de Paulo por causa de uma desavença a respeito de seu primo Marcos.

HISTÓRIA NA BÍBLIA: Atos 4; 9; 11; 13; 14.

NASCIMENTO: Primeiro século d.C.

SIGNIFICADO DO NOME: "Filho da consolação".

OCUPAÇÃO: Apóstolo.

PARENTE: Primo: Marcos.

CONTEMPORÂNEOS: Paulo e os apóstolos.

FICOU CONHECIDO POR: Pregar junto com Paulo aos gentios (pessoas que não eram judias).

BATE-SEBA

HISTÓRIA NA BÍBLIA: 2Samuel 11; 1Crônicas 3.5.

NASCIMENTO: Por volta de 1010 a.C.

SIGNIFICADO DO NOME: "Filha da abundância".

OCUPAÇÃO: Esposa e mãe.

PARENTES: Pai: Eliã. **Primeiro marido:** Urias. **Segundo marido:** Davi. **Filhos:** Salomão, Simeia, Sobabe e Natã.

FICOU FAMOSA POR: Ter sido objeto do maior pecado do rei Davi.

- Ela era a bela esposa de Urias, o hitita, um dos melhores guerreiros do rei Davi (os hititas eram gentios).
- Davi a viu e quis que ela fosse sua esposa.
- Davi fez com que Urias fosse morto para que ele pudesse se casar com sua mulher.
- Ela tornou-se a sétima esposa do rei Davi.
- Por causa do pecado de Davi, o seu primeiro filho com ela morreu.
- O seu segundo filho, Salomão, viraria o herdeiro de Davi e o próximo rei de Israel.
- Ela teve mais três filhos depois de Salomão.
- Bate-seba evitou uma conspiração planejada por Adonias, filho de Davi, para tomar o trono de Salomão.

BELSAZAR

O ÚLTIMO FESTEIRO DA BABILÔNIA

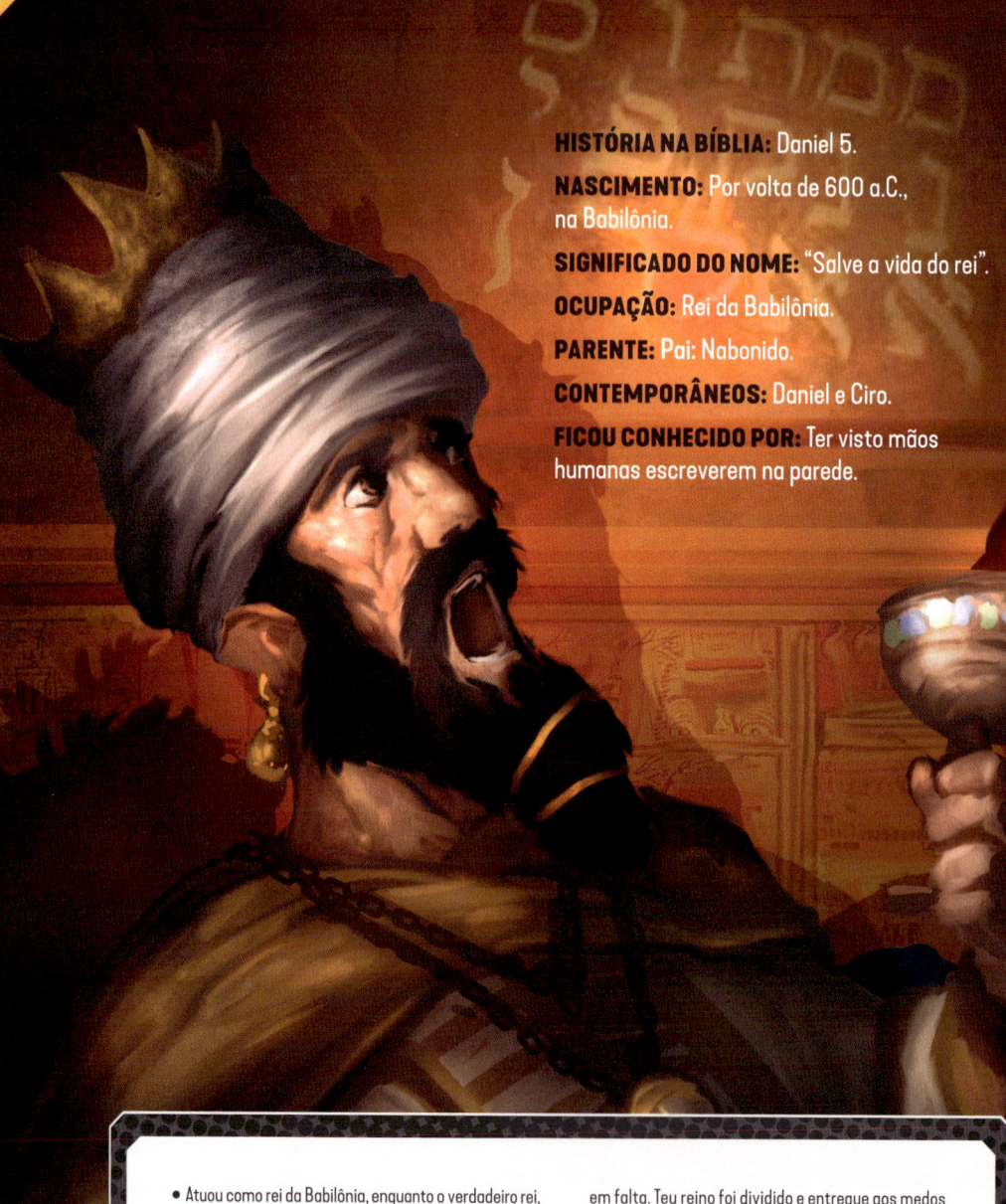

HISTÓRIA NA BÍBLIA: Daniel 5.

NASCIMENTO: Por volta de 600 a.C., na Babilônia.

SIGNIFICADO DO NOME: "Salve a vida do rei".

OCUPAÇÃO: Rei da Babilônia.

PARENTE: Pai: Nabonido.

CONTEMPORÂNEOS: Daniel e Ciro.

FICOU CONHECIDO POR: Ter visto mãos humanas escreverem na parede.

- Atuou como rei da Babilônia, enquanto o verdadeiro rei, seu pai, Nabonido, estava em campanha na Arábia

- Homem muito festeiro

- Deu uma grande festa para os líderes da Babilônia

- Ordenou que seus servos trouxessem taças de ouro e prata roubadas do templo de Jerusalém para serem usadas por seus convidados

- Somente Daniel foi capaz de decifrar a mensagem, que significava: "Foste pesado na balança e achado em falta. Teu reino foi dividido e entregue aos medos e persas."

- Tremeu de pavor quando uma mão humana gigante apareceu e escreveu na parede: MENE, MENE, TEQUEL, PARSIM.

- Foi morto na noite em que a cidade foi invadida pelo exército persa. Esse exército havia desviado as águas do rio Eufrates para secar o fosso que protegia a cidade.

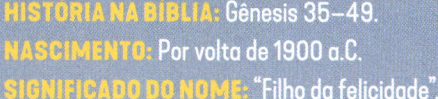

O IRMÃO CAÇULA DE JOSÉ — BENJAMIM

HISTÓRIA NA BÍBLIA: Gênesis 35–49.

NASCIMENTO: Por volta de 1900 a.C.

SIGNIFICADO DO NOME: "Filho da felicidade".

OCUPAÇÃO: Pastor.

PARENTES: Pai: Jacó. Mãe: Raquel. Irmãos: José e mais dez.

FICOU CONHECIDO POR: Ser muito amado por Jacó e José.

- Filho mais novo de Jacó.
- Irmão, tanto por parte de pai quanto de mãe, de José, que foi vendido pelos outros irmãos para ser escravo no Egito.
- Nasceu na estrada entre Betel e Belém.
- Sua mãe, Raquel, deu-lhe o nome de "Benoni", que significa "filho da dor" ou "filho da aflição".
- Seu pai, Jacó, mudou o seu nome para Benjamim.
- Tornou-se o filho preferido de Jacó, após o desaparecimento de José.
- Jacó profetizou que seus descendentes seriam grandes guerreiros.

Benjamim ficou em casa com seu pai quando os irmãos foram até o Egito para pegar comida, durante o período da fome que tomou conta daquela região. Mal sabiam eles que o irmão José era o segundo homem mais poderoso do Egito. José exigiu que os irmãos buscassem Benjamim na casa do pai. Ao concordarem, José mandou seus servos esconderem um cálice de ouro na bagagem de Benjamim para fingir que ele o havia roubado.

No entanto, Judá, um dos irmãos, assumiu a culpa no lugar do caçula. José ficou tão comovido com essa atitude que revelou sua verdadeira identidade e os irmãos desfrutaram de uma reunião maravilhosa.

CAM

O FILHO REBELDE DE NOÉ

HISTÓRIA NA BÍBLIA: Gênesis 5–10.

NASCIMENTO: Desconhecido.

SIGNIFICADO DO NOME: "Quente".

OCUPAÇÃO: Cuidador de animais e trabalhador da vinha.

PARENTES: Pai: Noé. Irmãos: Sem e Jafé. Filhos: Cuxe, Mizraim, Fute e Canaã.

FICOU CONHECIDO POR: Ter seu filho Canaã amaldiçoado por causa do seu pecado.

- Segundo filho de Noé.
- Uma das oito pessoas que entraram na arca durante o grande dilúvio.
- Cometeu um pecado grave contra seu pai quando acabou o dilúvio e eles deixaram a arca.
- Noé amaldiçoou Canaã, filho de Cam, afirmando que ele seria escravo de seus irmãos.
- Estabeleceu sua dinastia no Egito.
- Seu descendente Ninrode tornou-se um governante poderoso, que fundou a cidade da Babilônia (Babel).
- A maldição lançada sobre Cam foi cumprida quando os cananeus, seus descendentes, foram derrotados pelos israelitas.

CAIFÁS

HISTÓRIA NA BÍBLIA: Mateus 26; João 11.

NASCIMENTO: Por volta de 20 a.C.

SIGNIFICADO DO NOME: "Humilhação".

OCUPAÇÃO: Sumo sacerdote.

PARENTES: Sogro: Anás.

CONTEMPORÂNEOS: Pôncio Pilatos, Jesus.

FICOU CONHECIDO POR: Orquestrar a execução de Jesus

- Chefe do Sinédrio, o tribunal judeu.
- Além de Pilatos, era o homem mais poderoso da Judeia.
- Desejou matar Jesus após saber que ele havia ressuscitado Lázaro.
- Ficou preocupado que as atividades de Jesus pudessem causar uma revolta, forçando os romanos a intervirem.
- Presidiu o julgamento ilegal de Jesus.
- Rasgou suas vestes quando Jesus admitiu ser o Cristo.
- Acusou Jesus de blasfêmia.
- Conduziu o julgamento de Pedro e de João depois da ressurreição de Cristo.
- Sem querer, proclamou toda a missão de Jesus ao dizer: "Nada sabeis! Não percebeis que vos é melhor que morra um homem pelo povo, e que não pereça toda a nação" (João 11.49–50).

CAIM

O PRIMEIRO ASSASSINO DO MUNDO

HISTÓRIA NA BÍBLIA: Gênesis 4.

NASCIMENTO: Antes de 4000 a.C.

SIGNIFICADO DO NOME: "Adquirido", "Possuído" (incerto).

OCUPAÇÃO: Agricultor.

PARENTES: Pai: Adão. **Mãe:** Eva.
Irmãos: Abel e Sete. **Filho:** Enoque.

FICOU CONHECIDO POR: Matar seu irmão Abel por inveja.

- Primogênito de Adão e Eva.
- Era agricultor e lavrava a terra.
- Sua oferta das colheitas foi rejeitada pelo Senhor.
- Ficou com inveja porque a oferta de seu irmão Abel foi aceita.
- Atraiu Abel para o campo e o matou.
- O Senhor amaldiçoou a terra em que Caim plantava a fim de que não desse mais nenhum alimento.
- Tornou-se fugitivo e andarilho, temendo que o Senhor o matasse também.
- O Senhor teve misericórdia de Caim e colocou um sinal nele para protegê-lo de qualquer um que tentasse matá-lo.

- Caim foi viver em uma terra chamada Node, a leste do Éden.
- Fundou uma cidade naquela terra à qual deu o nome de seu filho Enoque.
- Teve uma grande família de artesãos, músicos e pastores.

CALEBE

HISTÓRIA NA BÍBLIA: Números 13–14; Josué 14–15.

NASCIMENTO: Por volta de 1486 a.C.

SIGNIFICADO DO NOME: "Cachorro", "Leal".

OCUPAÇÃO: Guerreiro.

PARENTES: Pai: Jefoné. **Irmão:** Quenaz.

CONTEMPORÂNEOS: Josué, Moisés.

FICOU CONHECIDO POR: Ajudar a liderar a conquista da terra prometida.

- Viveu nos tempos do êxodo.
- Confiava em Deus.
- Grande guerreiro.
- Era quenizeu, uma tribo descendente de Esaú e absorvida pela tribo de Judá.
- Uma das duas únicas pessoas que deixaram o Egito e entraram na terra prometida.

Antes de os israelitas entrarem na terra prometida, Calebe era um dos doze espias enviados por Moisés para fazer um reconhecimento da terra e trazer um relatório sobre ela. Os outros homens voltaram com histórias aterrorizantes sobre os gigantes que viviam ali em enormes cidades fortificadas. Já Calebe e Josué incentivaram os israelitas a tomarem a terra, pois eles sabiam que Deus a havia dado a eles.

No entanto, os outros dez homens se recusaram a ir. Por causa da sua desobediência, esses homens foram atingidos por uma praga e morreram. E os israelitas precisaram viver por mais quarenta anos no deserto.

Calebe e Josué, por fim, invadiram a terra de Canaã 45 anos depois. Aos 85 anos de idade, Calebe foi até a região montanhosa de Hebrom e matou ou expulsou a raça de gigantes conhecida como enaquins. O Senhor deu a Calebe o território de Hebrom como herança, porque ele tinha uma lealdade inabalável.

OS CÉSARES

GOVERNANTES ROMANOS NOS TEMPOS DE JESUS E DA IGREJA PRIMITIVA

AUGUSTO
(reinou de 27 a.C. – 14 d.C.)

- Filho adotivo de Júlio César.
- Ditador implacável.
- Derrotou Antônio e Cleópatra no Egito.
- Afirmava ser um deus.
- Ordenou um censo na Judeia para que todo homem tivesse que voltar à sua cidade natal, razão pela qual José e Maria viajaram para Belém, onde Jesus nasceu.

TIBÉRIO (reinou de 14 – 37 d.C.)

- Governou durante o ministério público de J...
- Enteado de Augusto.
- Líder militar de muito sucesso.
- Deu liberdade aos judeus para que observassem as próprias leis e costumes em sua terra natal.
- Herodes Antipa nomeou uma cidade em sua homenagem.
- Nomeou Pôncio Pilatos como governador da Judeia.
- Acusou falsamente muitos líderes romanos, fazendo com que fossem execut...
- Como seus filhos morreram, foi sucedido pelo sobrinho-neto Calígula, um homem completamente louco.

CLÁUDIO (reinou de 41 – 54 d.C.)

- Sobrinho de Tibério, assumiu o lugar de Calígula.
- Um pouco surdo e manco.
- Deu liberdade para os judeus adorarem em sua própria terra.
- Amigo de Herodes Agripa, fato que ajudou Cláudio a garantir seu trono.
- Deu a Herodes Agripa o controle total da Judeia.
- Expulsou judeus cristãos de Roma, incluindo Áquila e Priscila.
- Vários períodos de fome ocorreram durante seu reinado.
- Foi assassinado pela própria esposa.
- Foi proclamado um deus pelo senado romano.

NERO (reinou de 54 – 68 d.C.)

- Enteado de Cláudio.
- O último césar a governar como imperador.
- Teve a mãe, o irmão e a mulher assassinados.
- Considerava a si mesmo um deus.
- Passava a maior parte do tempo desfrutando de prazeres pessoais.
- Culpou os cristãos quando Roma foi incendiada em 64 d.C.
- Perseguia cristãos, lançando-os frequentemente em uma arena para serem devorados por leões.
- Pedro e Paulo foram executados sob o reinado de Nero.
- A revolta dos judeus contra as perseguições de Nero levou Roma a invadir a Judeia e, alguns anos depois, a destruir Jerusalém.
- Cometeu suicídio.

CORNÉLIO | O PRIMEIRO SOLDADO CRISTÃO

HISTÓRIA NA BÍBLIA: Atos 10–11.

NASCIMENTO: Primeiro século d.C.

SIGNIFICADO DO NOME: "Chifre".

OCUPAÇÃO: Centurião romano.

PARENTES: Esposa: Nome desconhecido.
Filhos: Nomes desconhecidos.

CONTEMPORÂNEOS: Pedro e Filipe.

FICOU CONHECIDO POR: Ser o primeiro gentio a se tornar cristão.

- Um centurião era um oficial responsável por comandar cem homens.

Cornélio era um oficial romano do regimento da força de ocupação da Cesareia. Ele era um homem bom, piedoso e temente a Deus. Porém, os judeus não se associavam com os gentios (aqueles que não eram judeus). Por isso, ninguém havia falado a respeito de Jesus para Cornélio.

Certo dia, Cornélio teve uma visão: um anjo do Senhor o mandou chamar Pedro. Imediatamente, Cornélio enviou seus servos até Jope, para buscar o apóstolo. Mal sabia ele que, ao mesmo tempo em que fazia isso, o Senhor também estava falando com Pedro – que pregasse o evangelho aos gentios. Os servos de Cornélio chegaram à casa onde Pedro estava hospedado e contaram a ele sobre seu patrão, o centurião.

No dia seguinte, Pedro foi até a casa de Cornélio, onde toda a sua família e amigos estavam reunidos. Pedro contou a eles sobre Jesus e, de repente, o Espírito Santo desceu sobre todos os que ouviam a mensagem. Pedro ficou tão admirado que ordenou que o grupo inteiro ali reunido fosse batizado. E foi dessa forma que Cornélio mostrou a Pedro e aos outros apóstolos que o evangelho deveria ser pregado a qualquer pessoa de cada uma das nações – e não apenas aos judeus.

CIRO, O GRANDE

HISTÓRIA NA BÍBLIA: 2 Crônicas 36; Esdras 1; Daniel 6.

NASCIMENTO: Por volta de 599 a.C.

SIGNIFICADO DO NOME: "Sol" (incerto).

OCUPAÇÃO: Rei da Pérsia.

PARENTES: Pai: Cambises.

CONTEMPORÂNEOS: Daniel e Belsazar.

FICOU CONHECIDO POR: Tirar os israelitas do exílio.

- Rei sábio e grande líder militar.
- Venceu Belsazar e conquistou a Babilônia.
- Conquistou os medos, a Lidia e a Assíria para formar o Império Persa – o maior império já conhecido no mundo até então.
- Deu permissão aos judeus que viviam na Babilônia para voltar à sua terra natal.
- Ordenou a reconstrução do templo em Jerusalém.
- Colocou Dario, o Medo, no comando da Babilônia.
- Embora fosse pagão, Ciro foi usado poderosamente pelo Senhor para resgatar o seu povo da escravidão.
- O seu governo foi profetizado por Isaías, trezentos anos antes.

DANIEL
O DOMADOR DE LEÕES

HISTÓRIA NA BÍBLIA: Livro de Daniel.

NASCIMENTO: Por volta de 621 a.C., em Jerusalém.

SIGNIFICADO DO NOME: "Deus é meu juiz".

OCUPAÇÃO: Ministrava aos reis da Babilônia e da Pérsia.

PARENTES: Desconhecidos.

CONTEMPORÂNEOS: Sadraque; Mesaque; Abede-Nego; Nabucodonosor; Belsazar; Dario, o Medo; Ciro, o Grande.

FICOU CONHECIDO POR: Permanecer fiel ao Senhor enquanto servia a reis pagãos.

- Era adolescente quando Judá foi conquistada pela Babilônia.
- Foi levado à Babilônia pelo rei Nabucodonosor.
- Recebeu um cargo elevado no palácio do rei.
- Seu nome foi mudado para Beltessazar ("que o deus Baal proteja o rei").
- Tornou-se o conselheiro mais próximo de Nabucodonosor.
- Escreveu o livro de Daniel.

PONTOS FORTES

- Conhecido por sua inteligência, sabedoria e pureza.
- Interpretava sonhos e visões.
- Profetizou sobre acontecimentos futuros, incluindo o fim dos tempos.

Apesar de ter trabalhado para reis pagãos durante a maior parte da vida, Daniel nunca deixou de adorar ao Senhor. E isso lhe causou muitos problemas. Quando chegou como cativo na Babilônia com seus três amigos, Daniel se recusou a comer as carnes gordas da mesa do rei. Seu supervisor teve certeza de que o rei puniria Daniel e os amigos caso parecessem fracos ou doentes por comerem apenas legumes e vegetais. Entretanto, Deus os fortaleceu, fazendo com que ficassem ainda mais fortes e saudáveis do que os outros servos.

Em certa ocasião, alguns supervisores pegaram Daniel orando ao Senhor (algo que era contra a lei). Eles contaram ao rei, que foi obrigado a lançar Daniel em uma cova de leões como castigo. O rei ficou chateado, pois não queria fazer aquilo, já que ele gostava de Daniel. Por isso, na manhã seguinte, o rei correu até a cova dos leões para ver se Daniel ainda estava vivo. Deus havia enviado anjos para fecharem a boca dos leões. E foi dessa forma que Daniel sobreviveu.

Durante todos os anos de sua longa vida, Daniel conseguiu servir fielmente aos senhores que teve, sem deixar de adorar a Deus. Embora nunca mais tenha visto sua terra natal, ele orava continuamente para que o Senhor tivesse misericórdia do seu povo. Deus respondeu à sua oração quando guiou o povo judeu de volta à Israel.

VOCÊ SABIA?

Daniel teve vários encontros com anjos, inclusive com Gabriel.

DAVI
O MATADOR DE GIGANTE

HISTÓRIA NA BÍBLIA: 1 e 2 Samuel.

NASCIMENTO: Por volta de 1040 a.C.

SIGNIFICADO DO NOME: "O amado".

OCUPAÇÃO: Segundo rei de Israel.

PARENTES: Pai: Jessé. **Mulheres:** Abigail, Mical e Bate-Seba (entre outras). **Filhos:** Amnon, Absalão, Salomão (entre outros). **Filha:** Tamar.

CONTEMPORÂNEOS: Samuel, Natã, Jonatas e o rei Saul.

FICOU CONHECIDO POR: Ser o segundo e o maior rei de Israel.

VOCÊ SABIA?
Quando era jovem, Davi tocava músicas para acalmar o rei Saul, que era atormentado por demônios.

- Nasceu em Belém, assim como Jesus.
- O mais novo dos oito filhos de Jessé.
- Escreveu quase metade dos salmos (músicas).
- Projetou e planejou o futuro templo.

PONTOS FORTES

- Foi o maior rei de Israel.
- Um homem segundo o coração de Deus.
- Grande guerreiro e músico.
- Faz parte da genealogia de Jesus.

PONTOS FRACOS

- Não conseguia vencer sua natureza pecaminosa.
- Cometeu adultério e assassinato.
- Desobedeceu a Deus ao fazer um censo.
- Não disciplinou os próprios filhos.

Davi era apenas um menino e um pastor de ovelhas, quando se ofereceu para matar o gigante filisteu Golias. Embora fosse bonito e tivesse "belos olhos", Davi era pequeno e não tinha experiência de combate. Ele sequer possuía uma armadura! Ninguém acreditou que teria alguma chance de vencer o gigante.

No entanto, enquanto era pastor, Davi precisou lutar contra leões e ursos para proteger suas ovelhas. Por isso, ele não teve medo de Golias. Bastou-lhe uma pedra atirada por uma funda de pastor – e também, é claro, o poder de Deus – para que ele derrotasse o gigante imbatível e vencesse a batalha.

Essa foi a primeira de muitas batalhas vitoriosas de Davi. Ele se tornou um guerreiro tão famoso que o rei Saul foi consumido por tanta inveja que tentou matá-lo várias vezes. Embora o Senhor já tivesse ungido Davi como o próximo rei, ele precisou se esconder por um tempo, pois temia por sua vida. Passaram-se quase vinte anos até Davi finalmente assumir o trono.

Davi era sempre bem-sucedido contra inimigos de batalha. Havia, entretanto, um inimigo que ele não conseguia vencer: os próprios desejos. Esses desejos carnais afastaram Davi da vontade do Senhor. Em um acontecimento trágico, ele cometeu adultério e assassinato.

Ainda assim, Davi era um homem "segundo o coração de Deus". Ele era fiel, corajoso e obediente ao Senhor como o rei Saul nunca fora. Quando o corajoso profeta Natã confrontou Davi pelo grande pecado que ele cometera, Davi o confessou completamente e se arrependeu diante de Deus, que o perdoou. Ele, porém, nunca mais voltou aos seus dias de glória depois disso.

Davi passou o restante da vida sofrendo ataques de membros de própria família. Contudo, foi seu reinado que preparou o caminho para o verdadeiro Rei: Jesus, o Messias – nascido de sua linhagem em Belém, cidade natal de Davi.

DÉBORA

MÃE, JUÍZA E PROFETISA

HISTÓRIA NA BÍBLIA: Juízes 4–5.

NASCIMENTO: Por volta de 1360 a.C.

SIGNIFICADO DO NOME: "Abelha".

OCUPAÇÃO: Juíza e profetisa.

PARENTES: Marido: Lapidote.

CONTEMPORÂNEOS: Baraque e Sísera.

FICOU CONHECIDA POR: Liderar a vitória dos israelitas contra os cananeus.

VOCÊ SABIA?

Débora sentava-se debaixo de uma palmeira para julgar os casos trazidos pelo povo.

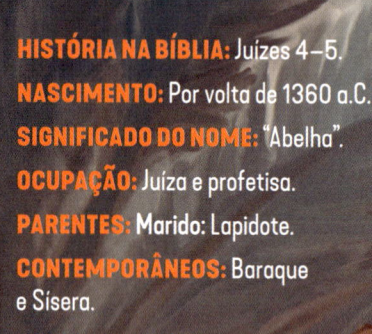

70

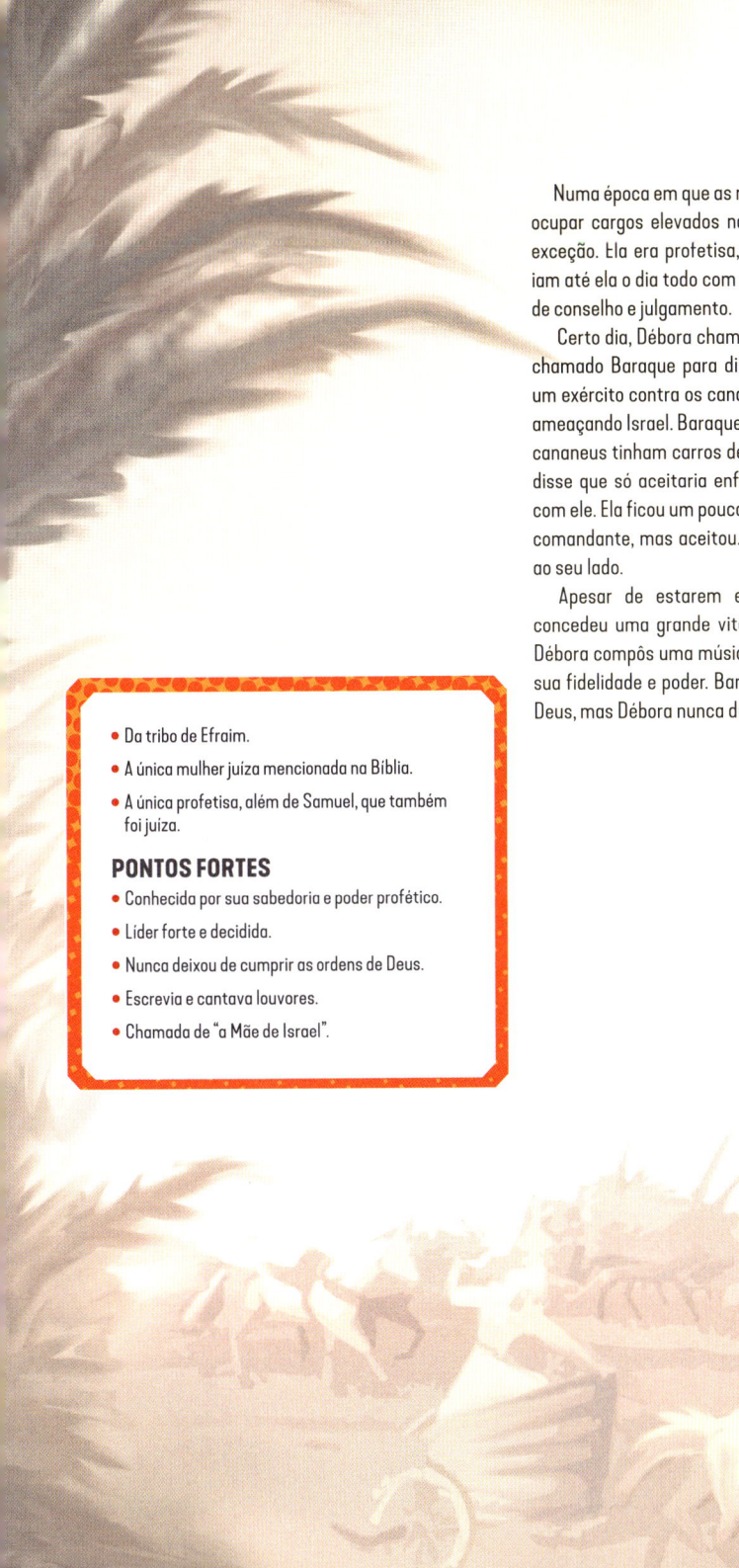

Numa época em que as mulheres não costumavam ocupar cargos elevados na sociedade, Débora era a exceção. Ela era profetisa, poeta e juíza. As pessoas iam até ela o dia todo com seus problemas, em busca de conselho e julgamento.

Certo dia, Débora chamou um comandante militar chamado Baraque para dizer que ele deveria liderar um exército contra os cananeus, um povo que estava ameaçando Israel. Baraque ficou com medo porque os cananeus tinham carros de guerra feitos de ferro. Ele disse que só aceitaria enfrentá-los se Débora fosse com ele. Ela ficou um pouco irritada com a covardia do comandante, mas aceitou. Débora foi para a batalha ao seu lado.

Apesar de estarem em menor número, Deus concedeu uma grande vitória a Israel. Depois disso, Débora compôs uma música em louvor ao Senhor por sua fidelidade e poder. Baraque pode ter duvidado de Deus, mas Débora nunca duvidou.

- Da tribo de Efraim.
- A única mulher juíza mencionada na Bíblia.
- A única profetisa, além de Samuel, que também foi juíza.

PONTOS FORTES

- Conhecida por sua sabedoria e poder profético.
- Líder forte e decidida.
- Nunca deixou de cumprir as ordens de Deus.
- Escrevia e cantava louvores.
- Chamada de "a Mãe de Israel".

DALILA
UMA MULHER COM UMA MISSÃO

HISTÓRIA NA BÍBLIA: Juízes 16.

NASCIMENTO: Por volta de 1110 a.C.

SIGNIFICADO DO NOME: "Oscilante".

CONTEMPORÂNEO: Sansão.

PARENTES: Desconhecidos.

FICOU CONHECIDA POR: Trair Sansão ao descobrir a fonte de sua força.

- Linda mulher de Soreque por quem o juiz Sansão se apaixonou.
- A única mulher citada pelo nome na história de Sansão.
- Recebeu a missão dos líderes filisteus de descobrir qual era a fonte da força de Sansão para que pudessem derrotá-lo.
- Conseguiu convencer Sansão a contar a ela o segredo de que, se seu cabelo fosse cortado, ele perderia toda a força.
- Cortou o cabelo de Sansão enquanto ele estava dormindo.
- Recebeu, pelo menos, 1.100 pedaços de prata pelo seu serviço.

EGLOM

HISTÓRIA NA BÍBLIA: Juízes 3.

NASCIMENTO: Por volta de 1300 a.C.

SIGNIFICADO DO NOME: "Semelhante a um bezerro".

OCUPAÇÃO: Rei de Moabe.

PARENTES: Desconhecidos.

CONTEMPORÂNEOS: Os amonitas, amalequitas e Eúde.

FICOU CONHECIDO POR: Ser assassinado por um homem canhoto

- Rei dos moabitas, tribo descendente de Moabe, filho de Ló.
- Levantado por Deus para dar uma lição nos israelitas, pois eles estavam sendo desobedientes.
- Conquistou Jericó com a ajuda dos amonitas e dos amalequitas.

Quando o povo de Israel estava sendo oprimido pelos moabitas, clamou ao Senhor. Então, Deus lhes enviou um homem chamado Eúde, da tribo de Benjamim, para libertá-los. A missão de Eúde era assassinar o rei moabita Eglom. Eúde foi até o rei para entregar os tributos que os israelitas deviam. Como Eúde era canhoto, sua espada estava amarrada em sua coxa direita. Dessa forma, os guardas do rei não a viram quando ele chegou.

Assim, Eúde entregou o tributo e virou-se para ir embora. Retornou e disse ao rei que tinha uma mensagem secreta de Deus para ele. Eglom estava sentado sozinho na "sala superior" do palácio, que era, provavelmente, o banheiro. Eúde aproximou-se do rei, que estava sentado em seu "trono" e cravou a espada em sua barriga.

No entanto, o rei Eglom era tão gordo que a espada entrou por inteiro em sua barriga e sumiu lá dentro! Eúde não conseguiu tirar a espada para levá-la de volta. Então fugiu, trancando a porta da sala onde o rei estava. Quando os servos do rei encontraram a porta trancada, imaginaram que ele estava fazendo suas necessidades e não o incomodaram. Dessa forma, o rei Eglom morreu. Eúde, por sua vez, liderou uma revolta contra Moabe que libertou Israel por oito anos.

ELIAS
HOMEM DE MILAGRES

HISTÓRIA NA BÍBLIA: 1 Reis 18–19; 2 Reis 2.

NASCIMENTO: Por volta de 900 a.C.

SIGNIFICADO DO NOME: "O Senhor é o meu Deus".

OCUPAÇÃO: Profeta.

PARENTES: Desconhecidos.

CONTEMPORÂNEOS: Rei Acabe, rainha Jezabel, Eliseu e os sacerdotes de Baal.

FICOU CONHECIDO POR: Fazer a obra de Deus e ser cuidado por ele.

- Entrava frequentemente em conflitos com o rei Acabe e a rainha Jezabel.
- Conhecido por suas manifestações e discursos dramáticos.
- Realizou muitos milagres, como a ressurreição de um menino, a multiplicação do azeite na botija e a separação das águas do rio Jordão.
- Foi o mentor de Eliseu, que assumiu seu lugar no ministério.
- Foi arrebatado ao céu em uma carruagem de fogo.
- Apareceu com Moisés e Jesus no monte da transfiguração, no Novo Testamento.

PONTOS FORTES
- Profeta sábio e fiel.
- Não tinha medo de falar a verdade ao rei.

PONTOS FRACOS
- Costumava reclamar muito.
- Era solitário.
- Fugiu com medo de Jezabel.

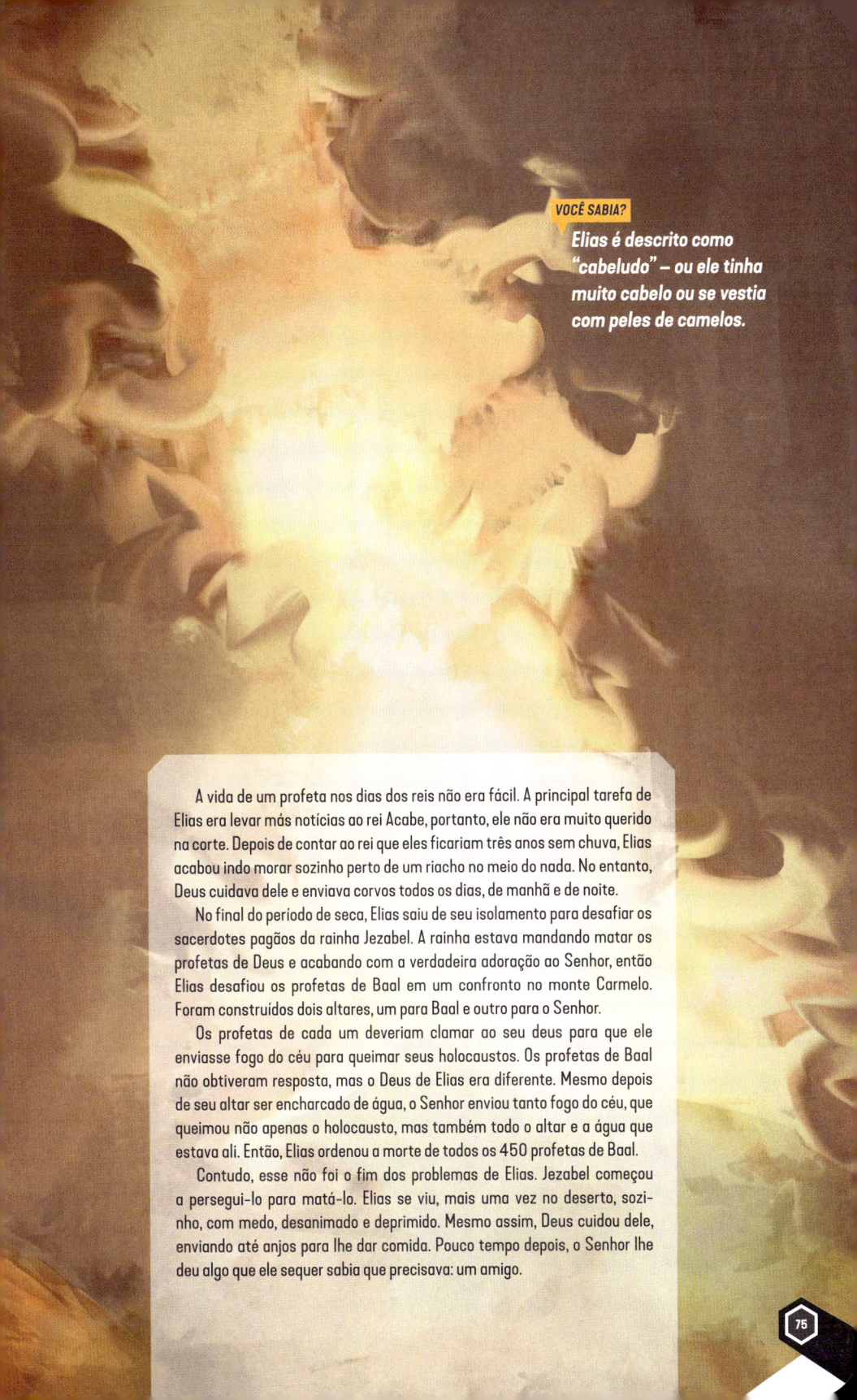

A vida de um profeta nos dias dos reis não era fácil. A principal tarefa de Elias era levar más notícias ao rei Acabe, portanto, ele não era muito querido na corte. Depois de contar ao rei que eles ficariam três anos sem chuva, Elias acabou indo morar sozinho perto de um riacho no meio do nada. No entanto, Deus cuidava dele e enviava corvos todos os dias, de manhã e de noite.

No final do período de seca, Elias saiu de seu isolamento para desafiar os sacerdotes pagãos da rainha Jezabel. A rainha estava mandando matar os profetas de Deus e acabando com a verdadeira adoração ao Senhor, então Elias desafiou os profetas de Baal em um confronto no monte Carmelo. Foram construídos dois altares, um para Baal e outro para o Senhor.

Os profetas de cada um deveriam clamar ao seu deus para que ele enviasse fogo do céu para queimar seus holocaustos. Os profetas de Baal não obtiveram resposta, mas o Deus de Elias era diferente. Mesmo depois de seu altar ser encharcado de água, o Senhor enviou tanto fogo do céu, que queimou não apenas o holocausto, mas também todo o altar e a água que estava ali. Então, Elias ordenou a morte de todos os 450 profetas de Baal.

Contudo, esse não foi o fim dos problemas de Elias. Jezabel começou a persegui-lo para matá-lo. Elias se viu, mais uma vez no deserto, sozinho, com medo, desanimado e deprimido. Mesmo assim, Deus cuidou dele, enviando até anjos para lhe dar comida. Pouco tempo depois, o Senhor lhe deu algo que ele sequer sabia que precisava: um amigo.

ELIMAS O FALSO PROFETA

HISTÓRIA NA BÍBLIA: Atos 13.

NASCIMENTO: Primeiro século d.C.

SIGNIFICADO DO NOME: "Sábio".

OCUPAÇÃO: Mágico.

PARENTES: Desconhecidos.

CONTEMPORÂNEOS: Paulo, Barnabé e João.

FICOU CONHECIDO POR: Ficar cego por se opor ao evangelho.

Elimas pode ser o nome árabe de Barjesus, um falso profeta judeu a serviço do procônsul Sérgio Paulo, de Chipre. Às vezes, ele era chamado de "o mágico", pois era feiticeiro. Um dia, Paulo, João e Barnabé, guiados pelo Espírito Santo, foram pregar a respeito de Jesus para o procônsul. Então, Elimas se posicionou contra isso e tentou impedir que seu senhor conhecesse a fé cristã.

Paulo viu, imediatamente, que Elimas estava cheio de engano e o chamou de "filho do diabo". Após isso, Paulo declarou que ele ficaria cego, e assim foi. Graças a esse acontecimento, o procônsul ficou profundamente emocionado e creu no Senhor Jesus.

HISTÓRIA NA BÍBLIA: Gênesis 5.

NASCIMENTO: Desconhecido.

SIGNIFICADO DO NOME: "O dedicado".

OCUPAÇÃO: Profeta.

PARENTES: Pai: Jarede. **Filho:** Matusalém.

FICOU CONHECIDO POR: Andar com Deus.

- Sétima geração da família de Adão.
- Andou com Deus.
- Viveu 365 anos.
- Bisavô de Noé.
- Não morreu, mas foi "arrebatado" aos céus.
- Citado no livro de Hebreus como um dos heróis da fé.
- Seu filho Matusalém é a pessoa mais velha registrada na Bíblia – viveu até os 969 anos.

ELISEU

O PROFETA DA PORÇÃO DOBRADA

HISTÓRIA NA BÍBLIA: 1 Reis 19; 2 Reis 1–13.

NASCIMENTO: Por volta de 880 a.C., perto da Galileia.

SIGNIFICADO DO NOME: "Deus é a sua salvação".

OCUPAÇÃO: Agricultor e profeta.

PARENTES: Pai: Safate.

CONTEMPORÂNEOS: Elias, rei Jeorão, Jorão e Josafá.

FICOU CONHECIDO POR: Dar continuidade ao trabalho de Elias.

VOCÊ SABIA?

Eliseu usou poucos pães para alimentar uma multidão, exatamente como Jesus fez centenas de anos depois.

Muitas vezes, Eliseu é confundido com o seu mentor, Elias, pois eles eram muito próximos. Além disso, seus nomes são parecidos e eles realizaram muitos milagres semelhantes. Enquanto Elias era um homem dramático e impetuoso, Eliseu era bastante calmo e tranquilo. Elias era solitário, já Eliseu gostava de estar com as pessoas. Elias morava no deserto e Eliseu em uma comunidade. Eles tinham, porém, uma coisa em comum: os dois faziam a vontade de Deus.

Provavelmente, a história mais famosa de Eliseu é aquela das ursas. Certo dia, Eliseu estava a caminho de Betel quando um grupo de meninos apareceu e começou a caçoar dele. Não se tratava de um simples insulto, mas de uma rejeição total ao Senhor e aos seus profetas. Eliseu, então, os amaldiçoou, e duas ursas saíram do bosque e atacaram os meninos.

Uma vez, o rei da Síria enviou um exército inteiro para matar Eliseu, porque ele estava revelando os planos secretos do rei para os israelitas. O servo de Eliseu acordou e encontrou a cidade completamente cercada. Ele ficou apavorado. Eliseu, no entanto, orou para que o Senhor abrisse os olhos do servo. De repente, o servo viu o que Eliseu já estava vendo: um exército ainda maior de cavalos e carros de fogo enviados por Deus para protegê-los.

Eliseu realizou muitos milagres, como tornar água salgada em potável e transformar alimentos venenosos em adequados para o consumo. Ele é o único profeta conhecido por ter feito um milagre após a sua morte: quando um cadáver foi jogado em sua sepultura, ele ressuscitou só de encostar em seus ossos.

- Rico proprietário de terras.
- Chamado para ser amigo e sucessor de Elias.
- Menos dramático do que Elias.
- Pediu por uma "porção dupla" do espírito profético de Elias quando os dois se despediram.
- Ficou com o manto de Elias quando ele foi arrebatado em carros de fogo.
- Profetizou por mais de cinquenta anos.
- Repetiu muitos dos milagres feitos por Elias, como dividir o rio Jordão, multiplicar azeite e ressuscitar um menino.
- Foi conselheiro de vários reis de Israel em batalhas políticas e militares.
- Curou o general sírio Naamã, que tinha lepra.

PONTOS FORTES

- Profeta poderoso.
- Realizava milagres.
- Conhecido por ajudar os pobres e necessitados.

ESAÚ

O IRMÃO GÊMEO PELUDO DE JACÓ

HISTÓRIA NA BÍBLIA: Gênesis 25–28; 33.

NASCIMENTO: Por volta de 2000 a.C.

SIGNIFICADO DO NOME: "Peludo".

OCUPAÇÃO: Caçador.

PARENTES: Pai: Isaque. Mãe: Rebeca. Irmão: Jacó.

FICOU CONHECIDO POR: Vender seu direito de primogenitura por um prato de ensopado.

- Também conhecido como Edom, que significa "vermelho", pois era ruivo.
- Muito peludo, como indica seu nome.
- Irmão gêmeo de Jacó, mas, por ter nascido antes, é considerado o primogênito.
- Amava caçar.
- Não sabia que Jacó e sua mãe, Rebeca, estavam tramando roubar sua herança.
- Deu seu direito de primogenitura a Jacó em troca de um prato de ensopado.
- Jacó roubou a bênção dada por seu pai que deveria ser dele.
- Quando descobriu o roubo, jurou matar Jacó, que foi obrigado a fugir.
- Perdoou Jacó anos depois, ao se encontrarem novamente.
- Casou-se com mulheres cananeias.
- Estabeleceu a tribo dos edomitas (tradicionais inimigos de Israel), que foi tomada pelos israelitas durante a conquista de Canaã.

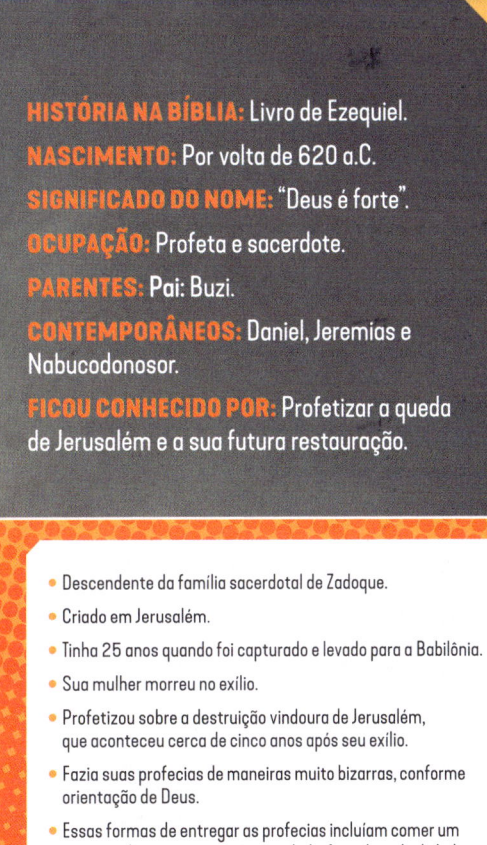

EZEQUIEL

O PROFETA BIZARRO

HISTÓRIA NA BÍBLIA: Livro de Ezequiel.

NASCIMENTO: Por volta de 620 a.C.

SIGNIFICADO DO NOME: "Deus é forte".

OCUPAÇÃO: Profeta e sacerdote.

PARENTES: Pai: Buzi.

CONTEMPORÂNEOS: Daniel, Jeremias e Nabucodonosor.

FICOU CONHECIDO POR: Profetizar a queda de Jerusalém e a sua futura restauração.

- Descendente da família sacerdotal de Zadoque.
- Criado em Jerusalém.
- Tinha 25 anos quando foi capturado e levado para a Babilônia.
- Sua mulher morreu no exílio.
- Profetizou sobre a destruição vindoura de Jerusalém, que aconteceu cerca de cinco anos após seu exílio.
- Fazia suas profecias de maneiras muito bizarras, conforme orientação de Deus.
- Essas formas de entregar as profecias incluíam comer um pergaminho, queimar o próprio cabelo, ficar deitado de lado durante um ano e preparar um bolo de cevada em uma fogueira de esterco.
- Teve uma visão de ossos secos ganhando vida no deserto – o que significava que o Senhor um dia traria o seu povo de volta à sua terra natal.

ESTER

UMA RAINHA PARA UM TEMPO DIFÍCIL

HISTÓRIA NA BÍBLIA: Livro de Ester.

NASCIMENTO: Por volta de 500 a.C.

SIGNIFICADO DO NOME: "Estrela".

OCUPAÇÃO: Rainha da Pérsia.

PARENTES: **Primo:** Mardoqueu. **Pai:** Abiail. **Marido:** Xerxes.

CONTEMPORÂNEOS: Hamã.

FICOU CONHECIDA POR: Salvar o povo judeu de um holocausto.

- Nome de nascimento: Hadassa.
- Menina judia órfã que morava na cidade de Susã, capital da Pérsia.
- Adotada por seu primo Mardoqueu.
- Tornou-se rainha ao vencer um concurso de beleza.

PONTOS FORTES

- Linda e temente a Deus.
- Sábia e atenciosa.
- Corajosa e altruísta.

Quando o rei Xerxes escolheu Ester para ser a nova rainha, ele não sabia que ela era judia. Ninguém sabia, na verdade. Os judeus não eram bem-vistos pelos persas. Por isso, se Ester fosse descoberta, poderia ser morta. Então, Ester foi morar no palácio guardando esse segredo terrível.

Pouco tempo depois, o perverso Hamã convenceu o rei a emitir um decreto que ordenava matar todos os judeus que viviam no Império persa. Qual motivo Hamã tinha para isso?

Hamã era ministro-chefe do rei da Pérsia e exigia reverência. Porém um homem judeu chamado Mardoqueu não aceitava se curvar diante de Hamã, que ficou furioso e mandou emitir o tal decreto. Ester ficou com muito medo da ordem do ministro-chefe.

No entanto, o judeu Mardoqueu, que também era pai adotivo de Ester, disse a ela: "Quem sabe se não foi para um momento como este que você chegou à posição de rainha?" Deus permitiu que Ester assumisse essa posição para impedir que aquele holocausto acontecesse.

Depois de jejuar e orar pedindo força e direção, Ester elaborou um plano corajoso para se apresentar diante do rei. Seu plano não apenas salvou seu povo, como também fez com que Hamã fosse enforcado na própria forca que ele havia construído para matar Mardoqueu.

EVA

A PRIMEIRA MULHER

HISTÓRIA NA BÍBLIA: Gênesis 1–3.

NASCIMENTO: Criada a partir da costela de Adão no Jardim do Éden, antes de 4000 a.C.

SIGNIFICADO DO NOME: "Cheia de vida".

PARENTES: Marido: Adão. **Filhos:** Caim, Abel, Sete e muitos outros.

FICOU CONHECIDA POR: Ser tentada pela serpente e comer do fruto proibido.

- Primeira mulher do mundo.
- Chamada de "a Mãe de todos os viventes".
- Morava no Jardim do Éden.
- Adão a chamava de "mulher" e, depois da queda, passou a chamá-la de "Eva".

PONTOS FORTES
- Auxiliadora e companheira de Adão.

PONTOS FRACOS
- Foi facilmente enganada pela serpente.
- Não assumiu a responsabilidade por sua escolha de comer o fruto.

Eva é mais conhecida por ter cometido o primeiro pecado. Ela estava vivendo uma vida feliz no jardim do Éden quando uma serpente astuta apareceu e persuadiu Eva a comer do fruto da árvore proibida por Deus – a árvore do conhecimento do Bem e do Mal. A serpente convenceu Eva de que nada de ruim aconteceria (como Deus havia dito) e afirmou que ela se tornaria tal como um deus – conhecedora do bem e do mal. Eva acreditou. Então comeu do fruto e ainda o ofereceu a Adão.

O Senhor não gostou disso. Adão e Eva desobedeceram a única regra que ele havia dado. Adão culpou Eva e Eva culpou a serpente.

Por isso, Deus amaldiçoou Adão e Eva e os expulsou do Jardim do Éden para sempre, colocando querubins e uma espada flamejante na entrada. Desse jeito, seria impossível que eles retornassem.

O Criador também amaldiçoou a serpente e declarou que a descendência de Eva esmagaria a sua cabeça. O Senhor estava se referindo a Jesus, que um dia derrotaria Satanás. (Embora a serpente não seja chamada de Satanás nesta história, ela o representa.)

Depois de deixar o Jardim do Éden, Adão e Eva tiveram muitos filhos, fazendo jus aos seus nomes. Caim, seu primogênito, matou Abel, seu segundo filho. Foi um começo difícil para a primeira família do mundo. Ainda assim, Eva seria a "Mãe de todos os viventes".

ESDRAS

O REFORMADOR

HISTÓRIA NA BÍBLIA: Livro de Esdras.

NASCIMENTO: Por volta de 480 a.C.

SIGNIFICADO DO NOME: "Auxiliador".

OCUPAÇÃO: Sacerdote e escriba.

PARENTES: Desconhecidos.

CONTEMPORÂNEOS: Artaxerxes (rei da Pérsia) e Neemias.

FICOU CONHECIDO POR: Liderar o retorno dos judeus do exílio na Babilônia.

- Descendente de Arão.
- Morava na Pérsia.
- Era escriba (estudava as leis e os mandamentos de Deus).
- Ficou magoado ao ver os judeus que ainda viviam em Jerusalém adorando ídolos continuamente.
- Instituiu reformas religiosas.
- Leu a Torá inteira (os cinco primeiros livros da Bíblia) para todo o povo.
- Ordenou que os judeus casados com estrangeiros se divorciassem.
- Deu o exemplo de devoção e dedicação ao Senhor.

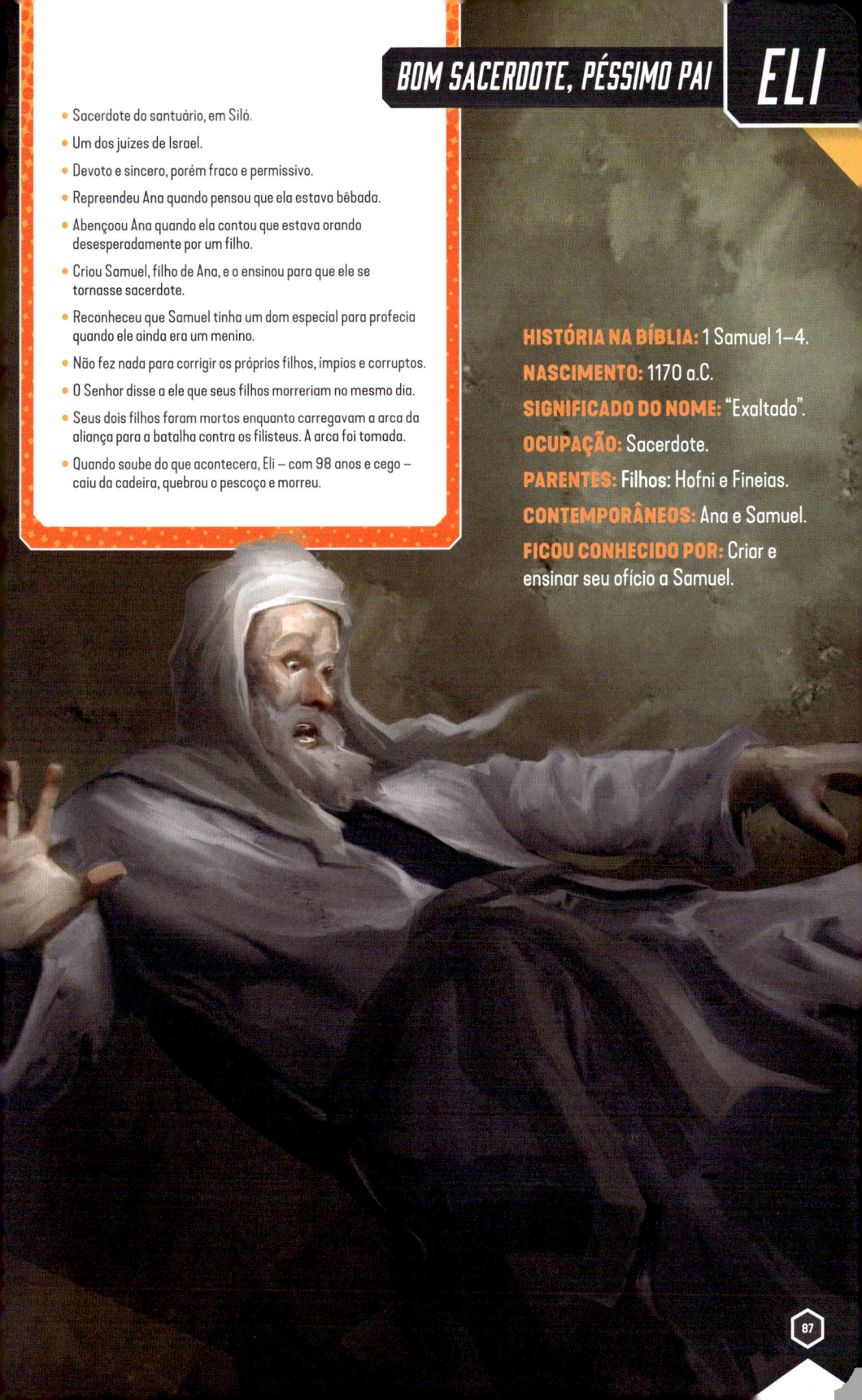

- Sacerdote do santuário, em Siló.
- Um dos juízes de Israel.
- Devoto e sincero, porém fraco e permissivo.
- Repreendeu Ana quando pensou que ela estava bêbada.
- Abençoou Ana quando ela contou que estava orando desesperadamente por um filho.
- Criou Samuel, filho de Ana, e o ensinou para que ele se tornasse sacerdote.
- Reconheceu que Samuel tinha um dom especial para profecia quando ele ainda era um menino.
- Não fez nada para corrigir os próprios filhos, ímpios e corruptos.
- O Senhor disse a ele que seus filhos morreriam no mesmo dia.
- Seus dois filhos foram mortos enquanto carregavam a arca da aliança para a batalha contra os filisteus. A arca foi tomada.
- Quando soube do que acontecera, Eli – com 98 anos e cego – caiu da cadeira, quebrou o pescoço e morreu.

HISTÓRIA NA BÍBLIA: 1 Samuel 1–4.

NASCIMENTO: 1170 a.C.

SIGNIFICADO DO NOME: "Exaltado".

OCUPAÇÃO: Sacerdote.

PARENTES: Filhos: Hofni e Fineias.

CONTEMPORÂNEOS: Ana e Samuel.

FICOU CONHECIDO POR: Criar e ensinar seu ofício a Samuel.

ESTÊVÃO

O PRIMEIRO MÁRTIR CRISTÃO

HISTÓRIA NA BÍBLIA: Atos 6–7.

NASCIMENTO: Primeiro século d.C.

SIGNIFICADO DO NOME: "Coroa".

OCUPAÇÃO: Diácono e distribuidor de alimentos.

PARENTES: Desconhecidos.

CONTEMPORÂNEOS: Paulo e os discípulos.

FICOU CONHECIDO POR: Morrer por sua fé em Jesus.

- Um dos sete diáconos designados pelos discípulos para distribuir alimentos às viúvas.
- Cheio da graça de Deus e do Espírito Santo.
- Conhecido por realizar milagres e falar com ousadia.
- Preso e condenado pelo Sinédrio.
- Teve uma visão do céu aberto e de Jesus de pé, ao lado do trono de Deus.
- Apedrejado até a morte com a aprovação de Saulo (mais tarde Paulo) por proclamar que Jesus é o Filho de Deus.
- Pediu para o Senhor perdoar aqueles que o estavam matando.

EZEQUIAS

HISTÓRIA NA BÍBLIA: 2Reis 18–20; 2Crônicas 29–32.

NASCIMENTO: Por volta de 750 a.C.

SIGNIFICADO DO NOME: "O Senhor é a minha força".

OCUPAÇÃO: Décimo segundo rei de Judá.

PARENTES: Pai: Acaz. Filho: Manassés.

CONTEMPORÂNEOS: Isaías e Senaqueribe (rei da Assíria).

FICOU CONHECIDO POR: Salvar Judá das mãos de Senaqueribe.

- Filho do perverso rei Acaz.
- Destruiu santuários pagãos e restaurou a adoração no templo.
- Orava regularmente.
- O reino do norte de Israel foi conquistado pela Assíria durante seu reinado.
- Preparou Jerusalém para o ataque assírio fortalecendo as muralhas, erguendo torres e cavando um túnel para levar água à cidade.
- Recebeu a garantia do profeta Isaías de que o Senhor derrotaria o inimigo.
- Um anjo de Deus destruiu todas as 185 mil tropas assírias.
- Ficou doente, mas orou, e o Senhor deu-lhe mais quinze anos de vida.
- Agiu de maneira imprudente ao mostrar seus tesouros aos visitantes da Babilônia.
- Foi alertado por Isaías de que um dia esses tesouros seriam levados para a Babilônia – profecia que se cumpriu um século depois.

O ENDEMONIADO GESARENO

- Um endemoniado é uma pessoa possuída por demônios.
- "Legião" também pode se referir a uma grande unidade do exército romano.
- O ato de expulsar demônios de alguém se chama exorcismo.

HISTÓRIA NA BÍBLIA: Marcos 5; Lucas 8.

NASCIMENTO: Primeiro século d.C.

SIGNIFICADO DO NOME: Desconhecido.

PARENTES: Desconhecidos.

CONTEMPORÂNEO: Jesus.

FICOU CONHECIDO POR: Ter sido liberto por Jesus.

Ele estava tão possuído que os demônios se identificaram a Jesus como Legião . O endemoniado vivia entre os sepulcros e era tão violento que arrebentava as correntes que usavam para prendê-lo. Noite e dia, ele andava gritando, cortando-se com pedras entre os sepulcros e nas colinas e rasgando suas roupas. Até ele encontrar Jesus.

Os demônios sabiam exatamente quem era Jesus e estavam apavorados. Eles imploraram para que Jesus os mandasse para uma manada de porcos que estavam se alimentando por perto. Quando o Senhor lhes deu permissão para fazer isso, eles imediatamente deixaram o corpo do homem e entraram nos porcos. A manada de porcos ficou descontrolada, atirou-se no precipício, em direção ao mar, e nele se afogou.

Quando as pessoas se aproximaram para ver o que havia acontecido, encontraram o ex-endemoniado perfeitamente calmo, assentado, vestido e em completo juízo. No entanto, em vez de ficarem felizes e agradecidas, elas ficaram com medo e pediram que Jesus fosse embora da cidade. O homem que foi liberto da possessão demoníaca queria ir com Jesus. Mas O Senhor disse para ele voltar para casa e contar a todos o que Deus havia feito por sua vida.

HISTÓRIA NA BÍBLIA: Atos 6; 8; 21.

NASCIMENTO: Primeiro século d.C.

SIGNIFICADO DO NOME: "Amigo dos cavalos".

OCUPAÇÃO: Evangelista e diácono.

PARENTES: Quatro filhas (nomes desconhecidos).

CONTEMPORÂNEOS: Paulo, Estêvão e os discípulos

FICOU CONHECIDO POR: Pregar para um oficial da corte etíope.

Filipe, o Evangelista, é muitas vezes confundido com Filipe, um dos doze apóstolos originais. Filipe, o Evangelista, foi um dos primeiros missionários viajantes. Ele saiu para pregar aos samaritanos, pessoas que a maioria dos judeus evitava. Muitos foram curados e libertos de demônios com o trabalho realizado por Filipe, o Evangelista. Um homem chamado Simão, que praticava feitiçaria, ficou tão impressionado com essas coisas que desejou comprar o poder do Espírito Santo.

Certo dia, um anjo conduziu Filipe a um lugar deserto no sul, onde ele encontrou um oficial da corte etíope sentado em uma carruagem, lendo as Escrituras. Filipe se ofereceu para explicar ao homem o que ele estava lendo. O etíope aceitou e, logo em seguida, foi batizado. Assim que o homem saiu da água, o Espírito do Senhor arrebatou Filipe repentinamente, levando-o para outro lugar. Porém, o oficial etíope voltou para casa cheio de alegria, pois havia encontrado Jesus.

FARAÓ
UM REI MUITO MAL

HISTÓRIA NA BÍBLIA: Êxodo.

NASCIMENTO: Por volta de 1500 a.C.

SIGNIFICADO DO NOME: "Casa elevada".

OCUPAÇÃO: Governante do Egito.

PARENTES: Desconhecidos.

CONTEMPORÂNEOS: Moisés e Arão.

FICOU CONHECIDO POR: Deixar os judeus irem embora e se arrepender depois.

- Rei do Egito.
- Os faraós eram considerados representantes dos deuses.
- A palavra faraó não se refere apenas ao rei, mas também ao palácio em que ele morava.
- Doze faraós são mencionados na Bíblia, porém, a maioria deles não é citado pelo nome.

PONTOS FORTES
- Grande líder.
- Construiu muitos monumentos e obras importantes.

PONTOS FRACOS
- Teimoso e de coração duro.
- Vingativo e cruel.

Quando este faraó em particular (provavelmente Ramsés II) assumiu o controle do Egito, os israelitas já estavam escravizados há muito tempo. Este faraó obrigava os israelitas a fazerem tijolos com lama para um de seus projetos gigantescos de construção. Moisés – que esse faraó específico não conhecia – voltou ao Egito para confrontá-lo e pedir que ele deixasse o povo judeu ir embora para adorar a Deus no deserto. No entanto, o faraó recusou-se, teimosamente, a permitir. Ele gostava de ter escravos para fazerem todo o trabalho.

Deus enviou pragas para convencer o faraó a libertar os israelitas. Mesmo depois de suportar nove pragas terríveis, ele não permitiu isso. Para a décima praga, o Senhor mandou os israelitas passarem o sangue de um cordeiro na entrada das portas. Porque Deus passaria sobre aquela nação e mataria todos os primogênitos das casas que não tivessem o sangue. O próprio filho do faraó foi morto.

Finalmente, o faraó permitiu que o povo judeu fosse embora do Egito. Porém, ele mudou de ideia (mais uma vez) e os perseguiu com um exército, encurralando-os no mar Vermelho. Deus abriu o mar para que os israelitas o atravessassem em terra seca. Quando o exército do faraó tentou segui-los, o mar se fechou novamente e os afogou.

FILIPE — UM APÓSTOLO INTELIGENTE

HISTÓRIA NA BÍBLIA: João 1; 6; 12.

NASCIMENTO: Primeiro século d.C.

SIGNIFICADO DO NOME: "Amigo de cavalos".

OCUPAÇÃO: Apóstolo.

PARENTES: Desconhecidos.

CONTEMPORÂNEOS: Natanael, Pedro, André, Jesus e os discípulos.

FICOU CONHECIDO POR: Ser um dos doze apóstolos.

- De Betsaida, na Galileia.
- Um dos seguidores de João Batista.
- Foi o quinto apóstolo a seguir Jesus.
- Apresentou seu amigo Natanael a Jesus.
- Provavelmente instruído e falava grego (seu nome era grego).
- Tinha ligações com os gregos que viviam na Judeia.
- Um dos primeiros a proclamar que Jesus era o Messias.
- Conhecia muito bem as Escrituras hebraicas.
- Foi testado quando Jesus pediu para que ele alimentasse uma grande multidão.
- De acordo com a tradição, pregou na Grécia, na Síria e no oeste da Turquia.

FINEIAS

HISTÓRIA NA BÍBLIA: Números 25.

NASCIMENTO: Anos 1400 a.C.

SIGNIFICADO DO NOME: "Boca de bronze".

OCUPAÇÃO: Sacerdote.

PARENTES: Pai: Eleazar. **Avôs:** Arão e Jetro. **Filho:** Abisue.

CONTEMPORÂNEO: Moisés.

FICOU CONHECIDO POR: Fazer cessar uma praga contra os israelitas.

Fineias era responsável por cuidar da entrada do tabernáculo, também chamado de Tenda do Encontro, durante o tempo do êxodo de Israel. Quando os israelitas começaram a se envolver com a tribo dos midianitas, que ficava próxima de onde estavam, eles passaram a adorar aos seus deuses pagãos. Por causa disso, a ira de Deus se acendeu sobre os israelitas.

O Senhor ordenou que todos os idólatras fossem mortos e enviou uma praga sobre o acampamento do povo de Israel. Fineias, furioso com o comportamento do povo, pegou uma lança e matou um líder israelita e uma mulher midianita que ele havia levado para o acampamento. Esse ato cessou a praga e salvou a vida de todos que ainda estavam no acampamento. Na batalha que se seguiu contra os midianitas, Fineias liderou doze mil homens à vitória e foi grandemente honrado pelo Senhor.

GABRIEL
O MENSAGEIRO DE DEUS

HISTÓRIA NA BÍBLIA: Daniel 8–9; Lucas 1.

SIGNIFICADO DO NOME: "Homem forte de Deus".

OCUPAÇÃO: Arcanjo.

CONTEMPORÂNEO: Miguel.

FICOU CONHECIDO POR: Trazer a notícia da vinda de Jesus ao mundo.

- Descrito como o "guardião da nação de Israel".
- Apareceu a Daniel para explicar o significado de suas visões.
- Revelou-se a Zacarias para trazer notícias do nascimento de seu filho, João Batista.
- Apareceu à Maria para contar que ela daria à luz ao Messias.

PONTOS FORTES
- Mensageiro do Senhor.
- Vive na presença de Deus.
- Ser sobrenatural com capacidade de aparecer a seres humanos e falar com eles.

Gabriel é um dos dois únicos anjos citados pelo nome na Bíblia; o outro é Miguel.

A palavra *anjo* significa "mensageiro" – portanto trata-se, na verdade, da descrição de um trabalho. Gabriel é mencionado uma vez no Antigo Testamento e duas vezes no Novo Testamento, trazendo mensagens importantes de Deus para os homens. Ele apareceu em forma humana. Ainda assim, era um ser um pouco assustador.

Os anjos são apenas um tipo de ser espiritual que existe no reino celestial. Os outros são os serafins e os querubins (ambos têm asas). Os anjos geralmente não podem ser vistos no reino humano, porque são seres espirituais que não possuem corpos. No entanto, como Gabriel, os anjos podem aparecer em forma humana – sem que os homens sequer se deem conta. De fato, no livro de Hebreus, lemos: "Não se esqueçam da hospitalidade; foi praticando-a que, sem o saber alguns acolheram anjos" (Hb 13.2).

VOCÊ SABIA?

Os anjos não têm asas, mas outros seres celestiais as têm.

GIDEÃO
O GUERREIRO VALENTE

HISTÓRIA NA BÍBLIA: Juízes 6–8.

NASCIMENTO: Por volta de 1213 a.C., em Canaã.

SIGNIFICADO DO NOME: "Destruidor, guerreiro poderoso".

OCUPAÇÃO: Agricultor que virou guerreiro e juiz.

PARENTES: Pai: Joás. **Filhos:** Abimeleque e Jotão.

FICOU CONHECIDO POR: Derrotar os midianitas com apenas 300 homens.

- Da tribo de Manassés.
- Viveu em Canaã após a sua conquista.
- Teve uma grande vitória contra um exército midianita.
- Recusou os pedidos do povo para se tornar rei.
- Quinto juiz de Israel.
- Fez um éfode (um manto sacerdotal ou uma estátua) com o ouro que recebeu depois da batalha.
- O povo passou a adorar o éfode em vez do Senhor.
- Citado como um dos heróis da fé no livro de Hebreus.

PONTOS FORTES

- Estava disposto a fazer a vontade de Deus.
- Não teve medo de pedir confirmação a Deus.
- Transformou-se num grande guerreiro e estrategista militar.

PONTOS FRACOS

- Cedeu ao medo no início.
- Duvidou do plano de Deus por tê-lo escolhido para liderar.

Quando um anjo apareceu a Gideão e disse: "O Senhor está com você, poderoso guerreiro", Gideão com certeza não parecia poderoso. Na verdade, ele estava se escondendo em um tanque de prensar uvas, tentando malhar o trigo escondido dos midianitas, que estavam destruindo as plantações pelo caminho e matando as pessoas.

Deus queria que Gideão juntasse um exército para derrotar os midianitas. Gideão não sentiu segurança nesse plano. No entanto, depois que o Senhor forneceu provas inegáveis, ele aceitou a missão.

Milhares de guerreiros apareceram para lutar. Contudo, Deus tinha uma vontade: que não pensassem que os midianitas seriam derrotados por suas próprias forças. Por isso, o Senhor reduziu o exército para trezentos homens.

Com essa quantidade tão pequena de homens, Gideão bolou um plano criativo. Ele havia espionado os midianitas e ouvido um deles contar que sonhou com a derrota. Gideão aproveitou-se do medo deles e encenou um ataque noturno, cercando o acampamento midianita por três lados.

Ele mandou seus homens tocarem trombetas e quebrarem jarros vazios com tochas dentro, enquanto gritavam: "A espada, pelo Senhor e por Gideão!" O fogo e o barulho deixaram os midianitas em pânico e confusos e eles começaram a matar uns aos outros. Com a ajuda de Deus, Gideão, que antes se escondia com medo dos inimigos, conseguiu a vitória sobre eles.

GOLIAS
O GIGANTE GRANDE E MAU

HISTÓRIA NA BÍBLIA: 1Samuel 17.

NASCIMENTO: Por volta de 1100 a.C., em Gate.

SIGNIFICADO DO NOME: "Descobrir, revelar".

OCUPAÇÃO: Guerreiro filisteu.

PARENTES: Desconhecidos.

CONTEMPORÂNEOS: Davi e o rei Saul.

FICOU CONHECIDO POR: Ter sido derrotado por um menino com uma pedra, apesar de ser um poderoso guerreiro.

VOCÊ SABIA?

Golias tinha quatro irmãos. Talvez por isso, Davi levou quatro pedras extras em seu alforje.

- De Gate, um lugar conhecido por ser habitado por muitos gigantes (os anaquins).
- Tinha quase três metros de altura.
- Sua armadura pesava sessenta quilos.
- Sua lança de ferro pesava mais de sete quilos.
- Herói do exército filisteu.

PONTOS FORTES
- Grande guerreiro.
- Muito forte fisicamente.

PONTOS FRACOS
- Tinha excesso de confiança.
- Valentão.

Nas guerras antigas, era possível que dois exércitos evitassem uma grande batalha se os heróis de cada exército se enfrentassem em um único confronto, até que um deles fosse morto. Foi isso que aconteceu quando o rei Saul e os israelitas encararam os filisteus. Golias, o herói do exército filisteu, ofereceu-se para lutar contra o herói dos israelitas para não precisar começar uma grande guerra.

O único problema era que Golias era, literalmente, um gigante. Por isso, nenhum homem do exército de Israel queria lutar contra ele, pois isso significava morte na certa.

Porém, um jovem pastor chamado Davi se apresentou para a luta. Golias achou que fosse piada. Davi era tão pequeno que sequer tinha uma armadura ou alguma arma; apenas uma funda e algumas pedras.

Golias deveria saber que uma funda pode ser mortal e que Davi era um atirador experiente. O gigante também não conhecia o poder do Deus de Davi e pagou caro por sua ignorância naquele dia, pois somente uma pedra lançada pelo servo do Senhor foi necessária para derrubar Golias. Davi cortou a cabeça de Golias com a própria espada do gigante e levou sua cabeça e sua armadura como troféu. Daquele dia em diante, Davi se tornou um grande herói em Israel e Golias ficou conhecido apenas como um inimigo derrotado.

HAGAR
UMA SERVA REJEITADA

HISTÓRIA NA BÍBLIA: Gênesis 16; 21.

NASCIMENTO: Por volta de 2100 a.C.

SIGNIFICADO DO NOME: "Fuga".

OCUPAÇÃO: Serva.

PARENTES: Filho: Ismael.

CONTEMPORÂNEOS: Abraão e Sara.

FICOU CONHECIDA POR: Ser a mãe de Ismael.

- Serva egípcia de Sarai (mais tarde Sara), a esposa de Abrão (mais tarde Abraão).

- Recebeu uma ordem de Sarai para ter um filho com Abrão, pois Sarai era estéril.

- Tornou-se desrespeitosa para com Sarai, que tratava Hagar com dureza.

- Fugiu para o deserto, onde um anjo apareceu e a mandou voltar para a casa de Sarai. O anjo prometeu à Hagar que ela teria um filho chamado Ismael, um menino que seria como um "jumento selvagem".

- Após o nascimento de Isaque, filho de Sara, Hagar foi mandada embora, para o deserto.

- Foi resgatada por Deus, que disse a ela que Ismael seria o pai de uma grande nação (mais tarde denominada de "ismaelitas").

HAMÃ

HISTÓRIA NA BÍBLIA: Livro de Ester.

NASCIMENTO: Por volta de 500 a.C.

SIGNIFICADO DO NOME: "Grandioso".

OCUPAÇÃO: Oficial da corte do rei da Pérsia.

PARENTES: Pai: Hamedata.

CONTEMPORÂNEOS: Ester, Mardoqueu e o rei Xerxes.

FICOU CONHECIDO POR: Conspirar para o extermínio do povo judeu.

- Descendente de Agague, possivelmente parente dos amalequitas, inimigos tradicionais dos judeus.
- Oficial da corte do rei Xerxes.
- Odiava Mardoqueu, pois ele não o respeitava.
- Conspirou para exterminar todos os judeus que viviam no Império persa.
- Sua conspiração não teve êxito graças à rainha Ester, que era judia.
- O rei descobriu seu plano e o enforcou na própria forca que Hamã havia construído para matar Mardoqueu.
- Seus dez filhos também foram mortos.
- Ainda hoje, às vezes, durante a comemoração do Festival de Purim, os judeus escrevem o nome de Hamã na sola de seus sapatos para expressar desprezo por esse homem.

OS HERODES

HERODES, O GRANDE
HISTÓRIA NA BÍBLIA:
Mateus 2.

- Governou a Judeia de 37–4 a.C.
- Recebeu, dos romanos, o título de "rei dos judeus".
- Reconstruiu o templo de Jerusalém.
- Deu início a muitos outros grandes projetos de construção.
- Governante eficaz e implacável.
- Teve dez esposas.
- Muitos de seus familiares foram assassinados.
- Ordenou que, em Belém, todos os meninos com menos de dois anos fossem mortos após ouvir as profecias dos magos sobre Jesus.
- Embora afirmasse adorar somente ao único Deus verdadeiro, também prestava culto a deuses pagãos.
- Morreu de gangrena, comido por vermes.

HERODES ANTIPAS
HISTÓRIA NA BÍBLIA:
Mateus 14.

- Governou de 4 a.C. a 39 d.C.
- Brutal e cruel como seu pai.
- Casou-se com a esposa do irmão.
- Porque João Batista denunciou seu casamento, mandou prendê-lo.
- Jesus referiu-se a ele como "aquela raposa".
- Durante o julgamento de Cristo, zombou dele.
- Mais tarde foi exilado pelo imperador Calígula.

...RODIAS

...STÓRIA NA BÍBLIA:
...ateus 14, Marcos 6, Lucas 3.

- ...asceu por volta de 9 a.C.
- ...eta de Herodes, o Grande e irmã de ...erodes Agripa I.
- ...sposa dos dois irmãos, Herodes Filipe e ...erodes Antipa.
- ...diava João Batista, pois ele denunciou seu ...asamento com o irmão de seu marido.
- ...uando sua filha Salomé dançou na festa ...e aniversário de Herodes Antipas, ele disse ...ue daria qualquer coisa à garota. Então, ...erodias mandou que a filha pedisse a ele a ...abeça de João Batista em uma bandeja.

HERODES AGRIPA I

HISTÓRIA NA BÍBLIA:
Atos 12.

- Governou de 37 – 44 d.C.
- Perseguiu a igreja primitiva.
- Mandou matar o apóstolo Tiago e prender Pedro, que foi liberto da prisão por um anjo.
- Morreu comido por vermes, porque permitiu que o povo o adorasse como um deus.

HERODES AGRIPA II

HISTÓRIA NA BÍBLIA:
Atos 26.

- Governou de 50 – 100 d.C.
- O último e menos violento governante da dinastia.
- Teve uma audiência em Cesareia com Paulo, que falou com ele a respeito de Jesus e da ressurreição.
- Deu a entender que ele poderia ter se tornado cristão.
- Era rei quando Jerusalém foi destruída por Roma em 70 d.C.

ISMAEL
O FILHO QUE NÃO FOI ESQUECIDO

HISTÓRIA NA BÍBLIA: Gênesis 16–17; 21; 25.

NASCIMENTO: Por volta de 2000 a.C.

SIGNIFICADO DO NOME: "Deus escutou".

OCUPAÇÃO: Flecheiro.

PARENTES: Pai: Abraão. Mãe: Hagar. Meio-irmão: Isaque.

FICOU CONHECIDO POR: Ter sido abandonado pelo pai, mas protegido por Deus.

- Filho de Abraão com sua serva egípcia Hagar.
- Foi expulso da casa de Abraão com a mãe por zombar de seu meio-irmão Isaque.
- Quase morreu no deserto, debaixo de uma árvore, mas foi salvo por um anjo do Senhor.
- Deus prometeu à Hagar que faria dos descendentes de Ismael uma grande nação.

- Cresceu e se tornou flecheiro e caçador.
- Foi morar no deserto de Parã.
- Casou-se com uma egípcia.
- Ajudou a enterrar o pai.
- Foi pai de doze filhos, que se tornaram líderes de tribos.
- Morreu com 137 anos.

HISTÓRIA NA BÍBLIA: Lucas 1.

NASCIMENTO: Por volta de 40 a.C. perto da Galileia.

SIGNIFICADO DO NOME: "Deus é meu juramento".

OCUPAÇÃO: Esposa e mãe.

PARENTES: Marido: Zacarias. **Filho:** João Batista.

CONTEMPORÂNEOS: Maria.

FICOU CONHECIDA POR: Ser a mãe de João Batista.

Isabel estava envelhecendo e, para sua tristeza, ainda não tinha filhos. No entanto, seu marido Zacarias recebeu uma mensagem de um anjo: sua mulher Isabel ficaria grávida e daria à luz um filho (João Batista) que prepararia o povo para a vinda do Messias. Apesar de sua idade avançada, Isabel engravidou.

Meses depois, quando sua prima Maria foi visitá-la, o bebê saltou de alegria dentro da barriga de Isabel – que, cheia do Espírito Santo, confirmou o que o anjo havia dito à prima. Maria seria a mãe do Messias.

ISAÍAS — O PROFETA DO MESSIAS

HISTÓRIA NA BÍBLIA: Livro de Isaías; 2Reis 19–20.

NASCIMENTO: Por volta de 710 a.C.

SIGNIFICADO DO NOME: "Deus é a minha salvação".

OCUPAÇÃO: Profeta.

PARENTES: Pai: Amoz. **Esposa:** Desconhecida.
Filhos: Maher-Shalal-Hash-Baz e Sear-Jasube.

CONTEMPORÂNEOS: Rei Uzias, Jotão, Acaz e Ezequias.

FICOU CONHECIDO POR: Profetizar a vinda de Jesus.

VOCÊ SABIA?

De acordo com os escritos judaicos, Isaías morreu serrado ao meio pelo perverso rei Manassés.

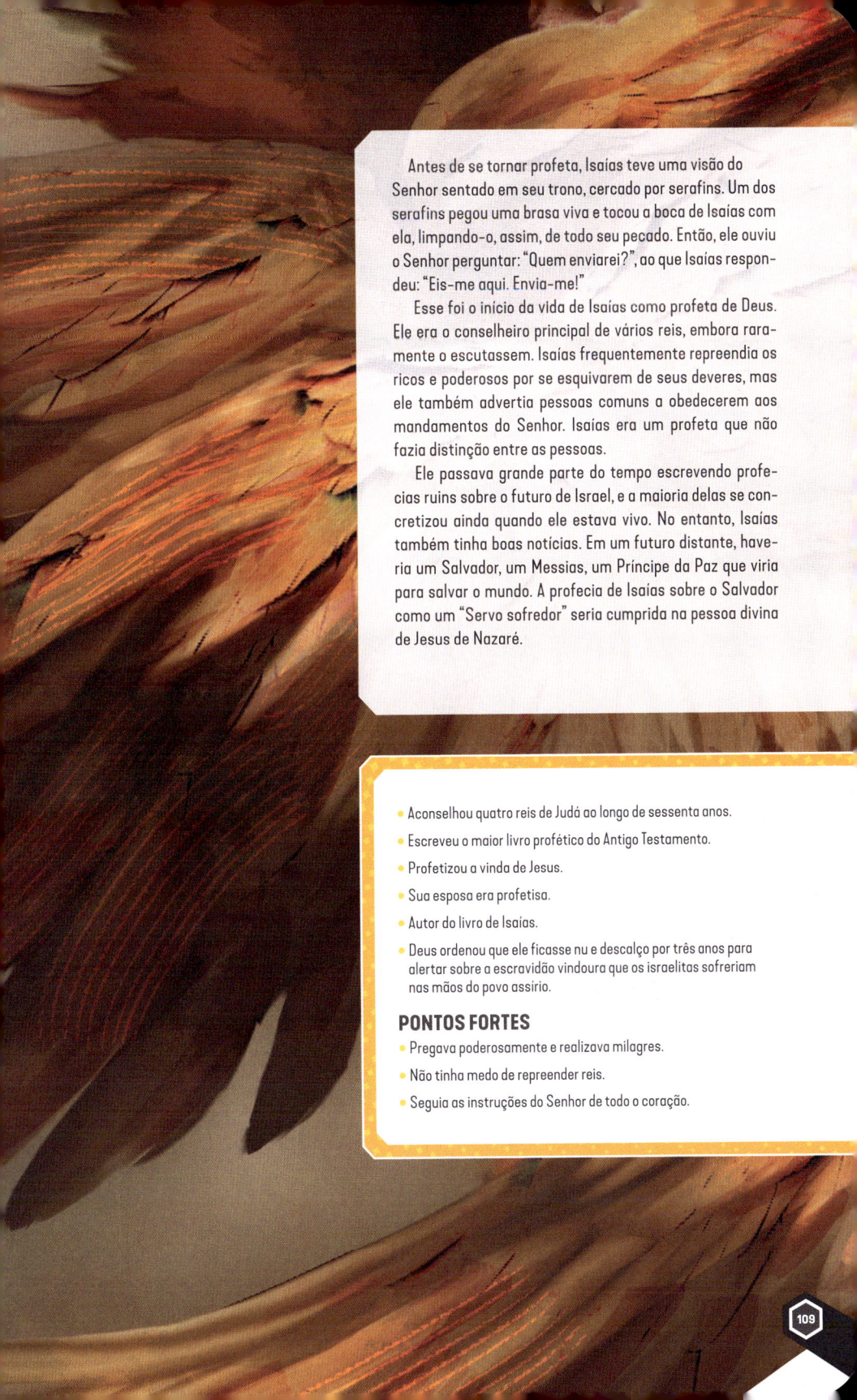

Antes de se tornar profeta, Isaías teve uma visão do Senhor sentado em seu trono, cercado por serafins. Um dos serafins pegou uma brasa viva e tocou a boca de Isaías com ela, limpando-o, assim, de todo seu pecado. Então, ele ouviu o Senhor perguntar: "Quem enviarei?", ao que Isaías respondeu: "Eis-me aqui. Envia-me!"

Esse foi o início da vida de Isaías como profeta de Deus. Ele era o conselheiro principal de vários reis, embora raramente o escutassem. Isaías frequentemente repreendia os ricos e poderosos por se esquivarem de seus deveres, mas ele também advertia pessoas comuns a obedecerem aos mandamentos do Senhor. Isaías era um profeta que não fazia distinção entre as pessoas.

Ele passava grande parte do tempo escrevendo profecias ruins sobre o futuro de Israel, e a maioria delas se concretizou ainda quando ele estava vivo. No entanto, Isaías também tinha boas notícias. Em um futuro distante, haveria um Salvador, um Messias, um Príncipe da Paz que viria para salvar o mundo. A profecia de Isaías sobre o Salvador como um "Servo sofredor" seria cumprida na pessoa divina de Jesus de Nazaré.

- Aconselhou quatro reis de Judá ao longo de sessenta anos.
- Escreveu o maior livro profético do Antigo Testamento.
- Profetizou a vinda de Jesus.
- Sua esposa era profetisa.
- Autor do livro de Isaías.
- Deus ordenou que ele ficasse nu e descalço por três anos para alertar sobre a escravidão vindoura que os israelitas sofreriam nas mãos do povo assírio.

PONTOS FORTES

- Pregava poderosamente e realizava milagres.
- Não tinha medo de repreender reis.
- Seguia as instruções do Senhor de todo o coração.

ISAQUE

O MENINO OBEDIENTE

HISTÓRIA NA BÍBLIA: Gênesis 21–27.

NASCIMENTO: Por volta de 2000 a.C.

SIGNIFICADO DO NOME: "Riso".

OCUPAÇÃO: Pastor de ovelhas.

PARENTES: Pai: Abraão. **Mãe:** Sara.
Meio-irmão: Ismael. **Esposa:** Rebeca. **Filhos:** Jacó e Esaú.

FICOU CONHECIDO POR: Ser instrumento de Deus para testar a fé de Abraão.

- Foi o cumprimento da promessa de Deus a Abraão.
- Marido e pai amoroso, embora às vezes fosse um pouco permissivo.
- Favorecia seu filho mais velho, Esaú.
- Foi enganado para dar a bênção do filho mais velho ao mais novo, Jacó

PONTOS FORTES

- Filho obediente.
- Temente ao Senhor.

PONTOS FRACOS

- Não liderava bem a família nem administrava bem os conflitos do seu lar.

VOCÊ SABIA?

Sara deu à luz a Isaque quando tinha noventa anos. Talvez por esse motivo, tenha dado ao menino o nome de "riso".

Isaque foi o filho prometido a Sara e Abraão, apesar de a promessa demorar até Abraão completar cem anos de idade para ser cumprida. Isaque não era aventureiro como seu pai. Ele parece ter levado uma vida mais pacata como um rico pastor de ovelhas.

A grande emoção da sua vida ocorreu no momento em que seu pai, por ordem de Deus, o levou até o topo de um monte para sacrificá-lo quando ainda era muito jovem. Abraão, seu pai, até pediu que ele carregasse a lenha que seria usada para o sacrifício. Isaque, que não sabia de nada que estava para acontecer, perguntou ao pai onde estava o animal para o sacrifício. Abraão respondeu que o Senhor proveria. O que será que Isaque pensou quando seu pai o deitou no altar e segurou uma faca sobre sua cabeça? Isso nós não sabemos.

No entanto, temos conhecimento de que um anjo do Senhor impediu Abraão de sacrificar o filho. E Deus providenciou um carneiro, que estava preso nos arbustos. Abraão foi testado em sua fé e obediência, assim como Isaque. Ele não pulou do altar e saiu correndo – sequer questionou o que o pai estava fazendo. Isaque obedeceu ao Senhor e a Abraão.

Isaque teve uma vida de obediência. Ele se casou com uma linda mulher chamada Rebeca, que deu à luz a meninos gêmeos – Jacó e Esaú. Infelizmente, Isaque não soube da rivalidade entre seus filhos nem dos planos da esposa até que fosse tarde demais.

JACÓ

AQUELE QUE SEGURA PELO CALCANHAR

HISTÓRIA NA BÍBLIA: Gênesis 25–49.

NASCIMENTO: Por volta de 2000 a.C.

SIGNIFICADO DO NOME: "Aquele que segura pelo calcanhar" ou "Suplantador".

OCUPAÇÃO: Pastor de ovelhas.

PARENTES: Pai: Isaque. **Mãe:** Rebeca. **Irmão:** Esaú. **Avô:** Abraão. **Esposas:** Lia e Raquel. **Filhos:** Rúbem, Simeão, Levi, Judá, Dã, Naftali, Gade, Aser, Issacar, Zebulom, José e Benjamim. **Filha:** Diná.

FICOU CONHECIDO POR: Fundar as doze tribos de Israel.

- Irmão gêmeo de Esaú, embora Jacó tenha nascido depois do irmão e, portanto, seja considerado o mais novo.
- Preferia atividades de casa, enquanto Esaú gostava de caçar.
- Aproveitou-se de um momento de fragilidade de Esaú para comprar sua herança.
- Teve doze filhos que se tornaram líderes das doze tribos de Israel.

PONTOS FORTES

- Negociador e pastor de ovelhas próspero.
- Depois de um tempo, passou a seguir as leis de Deus e a adorar somente a ele.

PONTOS FRACOS

- Egoísta.
- No início, seguia a Deus contanto que ganhasse o que queria.

O nome de Jacó diz tudo. Ele o recebeu porque agarrou o calcanhar do irmão Esaú quando estavam nascendo. Jacó também obteve o direito de primogenitura e a bênção do pai Isaque que pertenciam a Esaú por meio do engano. Esaú ficou tão furioso ao descobrir tudo, que Jacó precisou ir embora imediatamente.

Muitos anos mais tarde, após se casar, fazer fortuna e ter muitos filhos, Jacó decidiu voltar para casa. Ele estava se preparando para encontrar o irmão novamente (provavelmente imaginando que Esaú queria matá-lo). De repente, um homem misterioso surgiu e iniciou uma luta com ele. Jacó e o homem misterioso se enfrentaram a noite toda.

Em certo momento, o homem tocou no quadril de Jacó e deslocou sua coxa. Então ele soube, naquele instante, que estava lutando com o próprio Deus. Jacó parou de brigar, segurou o homem e disse: "Não te deixarei ir, a não ser que me abençoes". Naquela noite, o Senhor mudou o nome de Jacó para Israel, que significa "Deus prevalece".

Jacó é muito parecido conosco. Ele começou tentando fazer as coisas do seu jeito, agarrando o que queria para si. E ele precisou aprender da forma mais difícil que, em vez de lutar com Deus, ele deveria se agarrar ao Senhor.

VOCÊ SABIA?

Jacó passou o restante da vida mancando depois que ele lutou com Deus.

JAEL

UMA MULHER ENGENHOSA

HISTÓRIA NA BÍBLIA: Juízes 4–5.

NASCIMENTO: Por volta de 1300 a.C.

SIGNIFICADO DO NOME: "Cabra dos montes".

OCUPAÇÃO: Esposa.

PARENTES: Marido: Héber, o queneu.

CONTEMPORÂNEOS: Débora, Jabim e Baraque.

FICOU CONHECIDA POR: Matar Sísera, comandante do exército cananeu.

Jael era apenas uma mulher comum, cuidando de sua tenda no acampamento durante a batalha entre os cananeus e os israelitas no monte Tabor. Ela pertencia aos queneus, que estavam em paz com Canaã, mas também eram simpatizantes de Israel. Quando o malvado general cananeu Sísera apareceu em seu acampamento procurando por um lugar para se esconder, Jael o convidou para ficar em sua tenda.

Ela deixou Sísera se deitar e o cobriu com um pano. Ele pediu água, mas ela lhe deu leite – o que o deixou com sono. Jael esperou o general cair em sono profundo, apanhou uma estaca da tenda e um martelo, aproximou-se silenciosamente e cravou a estaca na têmpora dele, até o objeto alcançar o chão. Assim Sísera morreu. E isso cumpriu a profecia de Débora: o Senhor faria com que Sísera fosse morto por uma mulher.

HISTÓRIA NA BÍBLIA: Marcos 5; Lucas 8.

NASCIMENTO: Primeiro século d.C.

SIGNIFICADO DO NOME: "O iluminado".

OCUPAÇÃO: Dirigente da sinagoga.

PARENTES: Esposa: Nome desconhecido. **Filha:** Nome desconhecido.

CONTEMPORÂNEOS: Jesus e Pedro.

FICOU CONHECIDO POR: Acreditar que Jesus podia curar sua filha.

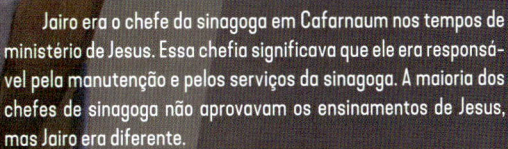

Jairo era o chefe da sinagoga em Cafarnaum nos tempos de ministério de Jesus. Essa chefia significava que ele era responsável pela manutenção e pelos serviços da sinagoga. A maioria dos chefes de sinagoga não aprovavam os ensinamentos de Jesus, mas Jairo era diferente.

Quando a sua filha ficou gravemente doente, Jairo foi até Jesus e implorou que ele a curasse. Jesus concordou. A caminho da casa de Jairo, um de seus servos apareceu e disse que a menina estava morta e ele não precisava mais levar Jesus até ela. No entanto, Jesus disse ao desesperado Jairo: "Não tenha medo; tão-somente creia."

Jesus foi até a casa de Jairo e encontrou a menina morta, deitada na cama. Ele mandou que todos saíssem, menos os mais próximos da família. Então Jesus ordenou que a menina levantasse, e ela se levantou! Depois, ele pediu para darem a ela algo para comer, a fim de que seus parentes vissem que ela não era um fantasma.

A filha de Jairo foi uma das três ressurreições realizadas por Jesus. Porém, ele pediu que Jairo não contasse a ninguém o que havia acontecido ali – ainda.

JORÃO

O BAD BOY DE JUDÁ

HISTÓRIA NA BÍBLIA: 2Reis 8; 2Crônicas 21.

NASCIMENTO: Por volta de 880 a.C.

SIGNIFICADO DO NOME: "O Senhor é exaltado".

OCUPAÇÃO: Quinto rei de Judá.

PARENTES: Pai: Josafá. **Esposa:** Atalia (filha de Acabe e Jezabel). **Filhos:** Acazias e muitos outros de nomes desconhecidos.

CONTEMPORÂNEOS: Elias e Jorão (rei de Israel).

FICOU CONHECIDO POR: Ser um dos reis mais perversos de Judá.

- Não confundir com Jorão de Israel, que reinou durante o mesmo tempo (às vezes, seus nomes são trocados). Na verdade, Jorão é a forma abreviada do nome Jeorão.

- Filho mais velho do rei Josafá.

- Desfez as coisas boas feitas por seu pai.

- Matou todos os seis irmãos, bem como alguns dos príncipes de Israel, a fim de proteger o próprio trono.

- Reconstruiu os altares dedicados a Baal por influência de sua mulher idólatra.

- Ignorou as advertências do profeta Elias de que o julgamento do Senhor cairia sobre sua casa.

- Seus bens e quase toda sua família foram levados e mortos por invasores dos exércitos filisteus e árabes.

- Foi acometido por uma doença horrível, enviada pelo Senhor, na qual seus intestinos saíram, literalmente, do corpo ao longo de um período de dois anos.

- Morreu após governar por oito anos, mas não foi sepultado nos túmulos dos reis.

HISTÓRIA NA BÍBLIA: 2Crônicas 17–21.

NASCIMENTO: Por volta de 900 a.C.

SIGNIFICADO DO NOME: "O Senhor é Juiz".

OCUPAÇÃO: Quarto rei de Judá.

PARENTES: Pai: Asa. Filhos: Jeorão e Jeú.

CONTEMPORÂNEO: Rei Acabe.

FICOU CONHECIDO POR: Ser o maior rei desde Salomão.

- Reinou no mesmo período que o rei Acabe de Israel.
- Desfrutou de um reinado estável e pacífico, em sua maior parte, graças à bênção do Senhor.
- Acabou com os ídolos de Judá.
- Instruiu o povo a adorar somente a Deus.
- Quando enfrentaram o ataque dos moabitas e dos amonitas, ele convocou todo o povo a orar pela libertação do Senhor.
- Seu exército saiu para encontrar o inimigo, cantando louvores a Deus.
- O Senhor fez com que os soldados inimigos atacassem uns aos outros até que todos estivessem mortos.
- Cometeu um erro fatal ao buscar uma aliança com Israel permitindo que seu filho Jeorão se casasse com a filha de Jezabel; essa aliança levaria Judá de volta à idolatria.

JEREMIAS
O PROFETA CHORÃO

HISTÓRIA NA BÍBLIA: Livros de Jeremias e de Lamentações.

NASCIMENTO: Por volta de 650 a.C.

SIGNIFICADO DO NOME: "O Senhor vai exaltar".

OCUPAÇÃO: Profeta.

PARENTES: Pai: Hilquias.

CONTEMPORÂNEOS: Reis Josias, Jeoaquim, Joaquim, Zedequias e Nabucodonosor (rei da Babilônia).

FICOU CONHECIDO POR: Profetizar a conquista de Jerusalém.

Jeremias foi o profeta bíblico que mais sofreu. Por causa de sua pregação radical contra a idolatria e os falsos profetas, ele foi caluniado, preso, exilado, lançado em um poço e abandonado para morrer. Havia conspirações de assassinato contra ele. Jeremias tentou avisar ao rei Jeoaquim sobre a futura conquista da Babilônia. No entanto, o rei queimou o rolo onde o profeta havia escrito a profecia, em vez de dar ouvidos a ele.

Jeremias profetizou por mais de quarenta anos para quatro reis diferentes. Nenhum deles, porém, deu ouvidos às suas advertências. Então, finalmente, o rei da Babilônia, Nabucodonosor, cercou Jerusalém. Jeremias aconselhou o rei Zedequias a se render, mas o rei o colocou na prisão por traição. O cerco durou mais de dois anos até que as pessoas, presas dentro dos muros da cidade, começaram a se matar por comida. Por fim, Jerusalém se rendeu à Babilônia.

Contudo, Jeremias também profetizou que o Senhor tinha bons planos para seu povo, não de lhes causar danos, mas planos de dar a eles esperança e futuro. Essa promessa se cumpriu com o nascimento de Jesus, o Filho de Deus.

- Filho de um sacerdote que vivia no território de Benjamim.
- Deus lhe contou que o escolheu antes do seu nascimento.
- Foi chamado para o ministério quando era muito jovem.
- Disse a Deus que não podia ser profeta, pois não sabia falar. Mas o Senhor disse que daria a ele as palavras certas.
- Profetizou que o cativeiro de Israel duraria setenta anos.
- Autor dos livros de Jeremias e Lamentações.
- O rei Nabucodonosor lhe ofereceu moradia na Babilônia, porém ele recusou.
- Foi levado ao Egito por um grupo de judeus e nunca mais se ouviu falar dele.

PONTOS FORTES

- Disposto a suportar a perseguição para proclamar a palavra de Deus.
- Grande pregador e escritor.

PONTOS FRACOS

- No início, não acreditava que havia sido chamado para ser profeta de Deus.

JESUS CRISTO

O MESSIAS PROMETIDO

HISTÓRIA NA BÍBLIA:
Mateus, Marcos, Lucas, João.

NASCIMENTO: Por volta de
5 a.C., em Belém.

SIGNIFICADO DO NOME:
"O Senhor é Salvação".

OCUPAÇÃO: Carpinteiro,
rabino, pregador itinerante.

PARENTES: Pai: José. **Mãe:** Maria.
Irmãos: Tiago, entre outros.

CONTEMPORÂNEOS: Rei Herodes,
Pôncio Pilatos, os doze discípulos,
incluindo Pedro, Tiago e João.

FICOU CONHECIDO POR: Ser o
Filho de Deus, o Salvador do
mundo e o Messias.

VOCÊ SABIA?
*Na noite em que foi preso,
Jesus orou com tanta tristeza
que suou gotas de sangue.*

- O Messias prometido.
- Descendente da linhagem de Davi.
- Cumpriu mais de cem profecias do Antigo Testamento sobre o Messias, incluindo a do "Servo sofredor" de Isaías.
- Começou seu ministério público aos trinta anos.
- Seu nome em hebraico é Yeshua.
- Falava aramaico.
- Chamou a si mesmo de "Pão da vida". Sua cidade natal, Belém, significa "Casa do Pão".
- O primeiro milagre que realizou foi transformar água em vinho em um casamento.

- Chamava Deus de "Aba", algo como "papai".
- Ressuscitou três pessoas.
- Embora não tivesse cometido qualquer pecado, foi condenado por um crime capital e punido com a morte na cruz romana.
- Ressuscitou dos mortos no terceiro dia.
- Passou quarenta dias com seus seguidores após sua ressurreição, antes de ascender ao céu.
- Apenas um dos seus milagres (além de sua própria ressurreição) está registrado em todos os quatro evangelhos: a multiplicação dos pães e peixes, que alimentou uma multidão de cinco mil pessoas.

PONTOS FORTES

- Santo e perfeito.
- Realizava milagres.
- Ressuscitou dos mortos.
- Perdoou aqueles que o mataram.

A Bíblia inteira trata, na verdade, sobre Jesus. Ele foi a resposta final de Deus ao pecado e ao sofrimento do mundo. Nas palavras do próprio Jesus: "Porque Deus tanto amou o mundo que deu o seu Filho Unigênito, para que todo o que nele crer não pereça, mas tenha a vida eterna" (João 3.16).

Os quatro evangelhos contam a história de Jesus a partir de diferentes pontos de vista. Mateus mostra Jesus, o Messias e Rei dos judeus, e detalha como todas as profecias do Antigo Testamento apontavam para sua vinda ao mundo. Marcos apresenta Jesus, o homem de atitude que realizava milagres. Lucas, um médico gentio (não judeu), revela Jesus como o bom Pastor – a sua bondade, compaixão e cuidado pelo seu rebanho, tanto pelos judeus quanto pelos gentios. Já João, um dos discípulos de Jesus, mostra Jesus, o Filho de Deus, totalmente homem e totalmente Deus.

Jesus realizou muitos milagres e ensinou as pessoas sobre Deus. Ele viajou muito e percorreu grandes distâncias com seus doze amigos, os discípulos. No início, ele era extremamente popular, por causa de todos os milagres que realizava. No entanto, ao final da vida, a maioria das pessoas o abandonou.

A pessoa mais importante que já existiu foi Jesus. Ele nunca pecou. Mas morreu na cruz romana como um criminoso, levando sobre si o castigo pelos pecados do mundo para que todo aquele que crê possa viver com ele na eternidade.

JEÚ
O REI SANGRENTO

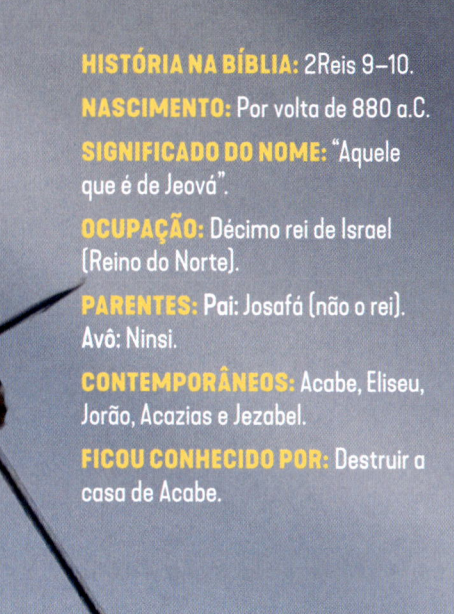

HISTÓRIA NA BÍBLIA: 2Reis 9–10.

NASCIMENTO: Por volta de 880 a.C.

SIGNIFICADO DO NOME: "Aquele que é de Jeová".

OCUPAÇÃO: Décimo rei de Israel (Reino do Norte).

PARENTES: Pai: Josafá (não o rei). Avô: Ninsi.

CONTEMPORÂNEOS: Acabe, Eliseu, Jorão, Acazias e Jezabel.

FICOU CONHECIDO POR: Destruir a casa de Acabe.

- Oficial do exército durante o reinado do rei Acabe.
- Ungido rei em segredo pelo aprendiz do profeta Eliseu.
- Cumpriu a profecia de Elias de que a casa do rei Acabe seria exterminada.
- Matou o filho de Acabe, Jorão (rei de Israel) e Acazias (rei de Judá) com flechas.
- Jogou o corpo de Jorão nas terras de Nabote, cumprindo, assim, uma profecia.
- Ordenou que Jezabel fosse jogada de uma janela e depois atropelou o corpo dela com sua carruagem.
- Matou todos os setenta filhos de Acabe, além de seus servos e conselheiros.
- Matou todos os parentes e oficiais de Acazias.
- Matou todos os adoradores de Baal em Samaria.
- Transformou o templo de Baal em banheiro público.
- Não se livrou dos bezerros de ouro em Dã e Betel.
- Seu reino foi reduzido porque não seguiu a Deus de todo o coração.
- Governou por 28 anos.
- Sua dinastia durou cem anos.

JEFTÉ

HISTÓRIA NA BÍBLIA: Juízes 11–12.

NASCIMENTO: Por volta de 1250 a.C.

SIGNIFICADO DO NOME: "Deus abre".

OCUPAÇÃO: Líder militar e juiz.

PARENTES: Pai: Gileade.

FICOU CONHECIDO POR: Libertar Israel dos amonitas.

- Rejeitado pelos irmãos porque era filho de outra mãe.
- Correu para o deserto, onde reuniu um grupo de guerreiros fortes e violentos.
- Tornou-se tão conhecido como grande guerreiro que os habitantes de sua cidade pediram que ele os defendesse dos amonitas.
- Concordou em liderar seu povo se eles o tornassem seu governante.
- Fez um voto tolo ao Senhor antes da batalha: aquele que saísse da porta da sua casa ao seu encontro, quando ele retornasse da vitória sobre os amonitas, seria do Senhor, e ele o ofereceria em holocausto.
- Venceu a batalha, mas, quando voltou para casa, sua filha foi a primeira pessoa a sair pela porta.
- Ficou angustiado e desesperado porque precisou cumprir seu voto e oferecer sua filha única como sacrífico ao Senhor.
- Tornou-se juiz em Israel e governou por seis anos.
- Citado como um dos heróis da fé no livro de Hebreus.

JEZABEL

A RAINHA DO MAL

HISTÓRIA NA BÍBLIA: 1Reis 16–2Reis 9.

NASCIMENTO: Por volta de 900 a.C.

SIGNIFICADO DO NOME: "Onde está o príncipe?"

OCUPAÇÃO: Rainha do reino do norte de Israel.

PARENTES: Marido: Rei Acabe. **Pai:** Etbaal, rei dos sidônios. **Filhos:** Jorão e Acazias. **Filha:** Atalia.

CONTEMPORÂNEOS: Elias e Jeú.

FICOU CONHECIDA POR: Tentar exterminar todos os profetas de Israel.

VOCÊ SABIA?

Jezabel foi comida por cães depois de morta, cumprindo, assim, a profecia de Elias.

A rainha mais perversa da história de Israel não era judia. Na verdade, ela odiava os judeus e mandou matar a maioria dos profetas e sacerdotes do Senhor. Apenas cem deles sobreviveram, escondidos em cavernas. Ela instituiu a própria religião pagã em Israel e fez com que seu marido, o rei Acabe, abandonasse Deus e passasse a adorar Baal.

Porém, Deus continuava no trono e ele deu um fim aos atos de Jezabel. Primeiro, o profeta Elias destruiu todos os profetas e sacerdotes de Baal por meio de um milagre espetacular no monte Carmelo. Mais tarde, o novo rei de Israel, Jeú, matou os dois filhos de Jezabel e, depois, a própria Jezabel, em uma das mortes mais terríveis registradas em toda a Bíblia. Essa morte havia sido profetizada por Elias.

- De Sidom, uma cidade fenícia ao norte de Israel (atual Líbano).
- Casou-se com o rei Acabe de Israel.
- Mandou matar Nabote quando ele se recusou a dar suas terras ao rei.
- Tentou matar Elias.
- Morreu quando foi jogada de uma janela e atropelada por uma carruagem.

PONTOS FORTES
- Rainha poderosa e decidida.

PONTOS FRACOS
- Adorava deuses pagãos.
- Desviou o marido e a nação de Israel do Deus verdadeiro.
- Cometeu vários assassinatos.
- Perseguiu os profetas de Deus.

JEROBOÃO
O REI QUE DIVIDIU O REINO

HISTÓRIA NA BÍBLIA: 1Reis 11–14; 2Crônicas 10–11.

NASCIMENTO: Por volta de 950 a.C., em Efraim.

SIGNIFICADO DO NOME: "O povo vai brigar".

OCUPAÇÃO: Primeiro rei do reino do norte.

PARENTES: Pai: Nebate. Filho: Abias.

CONTEMPORÂNEOS: Salomão, Roboão e o profeta Aías.

FICOU CONHECIDO POR: Dividir o reino de Israel em dois.

- Não pertencia a uma linhagem da realeza.
- Supervisor da tribo de Efraim, nomeado pelo rei Salomão.
- Ajudou a reconstruir as defesas de Jerusalém.
- Aías profetizou que ele governaria dez tribos de Israel, pois o Senhor estava dividindo o reino por causa da idolatria de Salomão.
- Fugiu para o Egito quando Salomão tentou matá-lo.
- Como líder da rebelião, buscou negociar com o filho de Salomão, Roboão, mas foi rejeitado.
- Foi coroado rei das dez tribos, posteriormente conhecidas como o reino do norte de Israel.
- Em vez de liderar seu povo à verdadeira adoração ao Senhor, mergulhou-os ainda mais na idolatria ao criar bezerros de ouro em Dã e Betel.
- Porque foi idólatra, o Senhor disse que seu filho morreria e sua descendência seria destruída.

JOABE

HISTÓRIA NA BÍBLIA: 2Samuel 2–3; 8; 10; 17; 18; 20; 1Reis 1–2.

NASCIMENTO: Por volta de 1050 a.C.

SIGNIFICADO DO NOME: "O Senhor é seu pai".

OCUPAÇÃO: Comandante militar.

PARENTES: Mãe: Zeruia (irmã de Davi). Irmãos: Abisai e Asael.

CONTEMPORÂNEOS: Davi, Absalão e Abner.

FICOU CONHECIDO POR: Ser o principal general de Davi.

- Comandante astuto e implacável dos exércitos de Davi.
- Muito leal a Davi.
- Venceu a batalha para proteger o reino de Davi.
- Matou seu rival Abner, que havia matado o irmão de Joabe, Asael.
- Matou Amasa, outro rival, por sua posição.
- Matou Absalão, o filho rebelde de Davi, contra suas ordens (enquanto ele estava pendurado em uma árvore pelo cabelo).
- Apoiou Adonias, em vez de Salomão, para ser o sucessor de Davi.
- Antes de morrer, Davi ordenou que Joabe fosse executado por seus assassinatos.
- Foi morto por seu sucessor Benaías, ao lado do altar do tabernáculo (a tenda de reunião).

JÓ

ATRIBULADO COM "A" MAIÚSCULO

HISTÓRIA NA BÍBLIA: Livro de Jó.

NASCIMENTO: Antes de 2000 a.C.

SIGNIFICADO DO NOME: "Hostilizado", "perseguido", ou "homem voltado para Deus".

OCUPAÇÃO: Pastor de ovelhas.

PARENTES: Esposa: Nome desconhecido. **Filhos:** Muitos, com nomes desconhecidos.

CONTEMPORÂNEOS: Os amigos: Elifaz, Bildade, Zofar e Eliú.

FICOU CONHECIDO POR: Permanecer fiel a Deus apesar de enfrentar sofrimentos terríveis.

- Da terra de Uz, perto de Midiã, onde Moisés viveu por quarenta anos.
- Sua história se passa antes do surgimento da nação de Israel.

PONTOS FRACOS

- Questionou a bondade de Deus.

PONTOS FORTES

- Muito rico.
- Generoso e amoroso com a família.
- Fiel a Deus apesar do seu grande sofrimento.

Jó era um homem íntegro que sempre andou nos caminhos de Deus. Ele oferecia sacrifícios até mesmo se um de seus filhos insultava, acidentalmente, ao Senhor. O Senhor agradava-se de Jó.

Certo dia, um dos membros do seu conselho divino (chamado de "Satanás", ou de "o adversário") pediu permissão para testar Jó, para ver se sua fé era verdadeira, ou apenas o resultado de uma vida feliz e próspera. Deus permitiu.

Assim, o adversário fez com que os dez filhos de Jó fossem mortos em uma tempestade e com que seu rebanho e sua manada fossem destruídos. Para piorar, Jó foi acometido por uma doença terrível e ficou coberto de úlceras dolorosas.

Diante de tanta agonia, Jó desejou a morte. Ele questionou por que Deus permitiu que tamanho sofrimento caísse sobre ele. Até a mulher de Jó disse que ele deveria "amaldiçoar a Deus e morrer". Quando seus três supostos amigos chegaram para vê-lo, eles disseram que Jó deveria ter feito algo de muito grave para que o Senhor o punisse daquele jeito. Jó não gostou nada de ouvir aquilo. "Vocês são péssimos consoladores", declarou ele.

No final, o próprio Deus falou com Jó por meio de uma violenta tempestade. Ele lembrou a Jó de que ele era o Senhor, e não Jó. E só porque Jó não entendia a razão do seu sofrimento, não significava que não havia uma. A fé inabalável de Jó durante a sua provação foi uma vitória para o reino de Deus. Por fim, a saúde de Jó foi restaurada e ele foi abençoado novamente com mais filhos.

JOÃO
O DISCÍPULO AMADO

HISTÓRIA NA BÍBLIA: Mateus, Marcos, Lucas, João, Atos 1; 2; 3; 3 João, Apocalipse.

NASCIMENTO: Primeiro século d.C.

SIGNIFICADO DO NOME: "Deus é benevolente".

OCUPAÇÃO: Pescador e apóstolo.

PARENTES: Pai: Zebedeu. Mãe: Salomé. Irmão: Tiago.

CONTEMPORÂNEOS: Jesus e os outros discípulos.

FICOU CONHECIDO POR: Escrever o evangelho de João, as cartas de 1, 2 e 3 João e o livro de Apocalipse.

- Era pescador junto com seu irmão Tiago e seus amigos Pedro e André.
- Jesus chamava João e Tiago de "Filhos do trovão".
- Fazia parte do círculo íntimo de Jesus, assim como Pedro e Tiago.
- O apóstolo mais jovem.
- Sentou-se ao lado de Jesus na Última Ceia.
- Testemunhou a transfiguração de Jesus.

- O único apóstolo presente no julgamento e na crucificação de Jesus.
- Jesus pediu que ele cuidasse de sua mãe, Maria.
- Assumiu, junto com Pedro, a liderança da Igreja primitiva.

PONTOS FORTES
- Fiel a Jesus, ficou ao seu lado até o fim.
- Grande escritor, autor de cinco livros do Novo Testamento.

PONTOS FRACOS
- Tendência a explosões de raiva.
- Às vezes se considerava superior aos outros apóstolos.

VOCÊ SABIA?

Em seu evangelho, João refere-se a si mesmo na terceira pessoa, como "o discípulo que Jesus amava".

João é muitas vezes mencionado como o apóstolo preferido de Jesus. Ele foi o apóstolo que mais viveu, o único que não foi morto como mártir por causa de sua fé em Cristo. Depois que Jesus ascendeu ao céu, João pregou o evangelho em Jerusalém e na Samaria, apesar de ter sido perseguido muitas vezes. Certa vez, ele e Pedro foram presos – e libertados por um anjo. Ele escreveu o quarto evangelho do Novo Testamento, enfatizando a natureza divina de Jesus e o seu amor.

João escreveu muito sobre o amor, dizendo para as pessoas amarem umas às outras, como Jesus ordenou.

Justamente por pregar sobre Jesus desenfreadamente, João foi exilado na ilha de Patmos, onde recebeu uma visão assustadora do fim dos tempos, a guerra final que acontecerá no céu, quando Satanás fará seu último ato de rebelião. João escreveu tudo o que viu no livro de Apocalipse, o último livro da Bíblia.

JOÃO BATISTA — UM HOMEM INDOMÁVEL

HISTÓRIA NA BÍBLIA: Mateus, Marcos, Lucas, João.

NASCIMENTO: Por volta de 6 a.C., em Judá.

SIGNIFICADO DO NOME: "Aquele que batiza com a graça de Deus".

OCUPAÇÃO: Pregador e profeta.

PARENTES: Pai: Zacarias. **Mãe:** Isabel. **Primo:** Jesus.

CONTEMPORÂNEOS: Herodes Antipas, Herodias, Jesus.

FICOU CONHECIDO POR: Anunciar a vinda do Messias.

VOCÊ SABIA?

João Batista se vestia e agia de forma tão parecida com Elias, que muitas pessoas pensavam que ele era o próprio profeta.

João Batista vivia no deserto, se vestia com peles de camelo e se alimentava de gafanhotos e mel silvestre. Parece loucura, não é mesmo? Mas este foi o homem escolhido por Deus para proclamar a vinda do Messias.

Assim como aconteceu com Jesus, o nascimento de João Batista se deu por meio de um milagre. Ele foi designado para a missão de fazer com que as pessoas se arrependessem de seus pecados e se preparassem para a vinda do Messias.

Jesus Cristo procurou João Batista para ser batizado. Porém João declarou que não era digno de batizar Jesus, que era o Cordeiro de Deus. Mesmo assim, João batizou Cristo. E, assim que Jesus emergiu das águas após o batismo, João viu os céus se abrirem e o Espírito de Deus pousar sobre o Senhor.

À medida que o ministério de Jesus crescia, o de João Batista começou a diminuir. No entanto, João sabia que isso aconteceria. Ele próprio dizia que era a voz que clamava no deserto, preparando o caminho do Senhor.

Depois de ser preso por Herodes Antipas, João Batista se perguntou por um momento se Jesus era realmente o tão esperado Messias. Jesus lhe assegurou que sim. Pouco tempo depois, João foi decapitado por Herodes, como um presente para a sua enteada Salomé. Contudo, João Batista já havia cumprido sua missão. Ele, de fato, preparou o caminho para o Senhor.

- Seu nascimento foi anunciado pelo anjo Gabriel, assim como o nascimento de Jesus.
- Teve um nascimento milagroso, pois foi o filho de um casal de idosos que não podiam mais ter filhos.
- Foi o primeiro profeta chamado por Deus após um período de quatrocentos anos.
- A sua vinda foi profetizada por Isaías.
- Batizou Jesus.
- Foi preso e decapitado por Herodes Antipas por criticar o casamento dele com a esposa do irmão de Herodes.

PONTOS FORTES

- Pregador destemido que chamava as pessoas ao arrependimento.
- Inflexível em relação à sua fé e ao seu estilo de vida.

PONTOS FRACOS

- Duvidou que Jesus fosse o Messias após sua prisão.

JONAS | O PROFETA ENGOLIDO POR UM PEIXE

HISTÓRIA NA BÍBLIA: Livro de Jonas.

NASCIMENTO: Anos 800 a.C., em Gate – Hefer.

SIGNIFICADO DO NOME: "Pomba".

OCUPAÇÃO: Profeta.

PARENTES: Pai: Amitai.

CONTEMPORÂNEOS: Rei Jeroboão II, Oséias e Amós.

FICOU CONHECIDO POR: Ter sido engolido por um peixe grande.

- Sua cidade natal ficava muito próxima à Nazaré, onde Jesus cresceu.
- Jesus comparou os três dias que Jonas passou na barriga do peixe com os três dias que ficou no túmulo.
- Jonas conseguiu convencer os mais de 120 mil habitantes de Nínive a se arrependerem.
- Jonas foi o único profeta a pregar para pessoas de fora da nação de Israel.
- Nínive ficava perto de Mosul, no atual Iraque.

PONTOS FORTES
- Profeta fiel ao Senhor.
- Grande pregador.

PONTOS FRACOS
- Tentou fugir quando Deus o enviou para pregar em Nínive.
- Ficou bravo quando o Senhor teve misericórdia do povo.

Jonas era um profeta de Deus muito obediente... isto é, até o Senhor enviá-lo para pregar na grande cidade de Nínive.

Nínive era a capital da Assíria, que era a nação que estava tentando conquistar Israel. Portanto, naturalmente, Jonas não queria ir para lá. Ele desejava que Nínive fosse destruída; não salva. Então, ele embarcou em um navio que ia na direção oposta. Porém, uma tempestade violenta atingiu a embarcação. Jonas sabia que a culpa era dele e, por isso, ofereceu se jogar no mar para salvar o restante da tripulação.

Jonas foi imediatamente engolido por um "grande peixe". Ele ficou na barriga do peixe por três dias, até que mudou de ideia em relação ao povo da cidade de Nínive. Quando o peixe o vomitou na praia, Jonas passou mais três dias caminhando por Nínive e pregando a mensagem de Deus. Para sua decepção, o povo se arrependeu dos seus pecados e o Senhor poupou a cidade. Jonas ficou tão chateado por Nínive não ser destruída, que pediu a Deus que o matasse. Porém, o Senhor também teve misericórdia dele e poupou sua vida, ensinando-lhe uma importante lição sobre como Deus ama e cuida do mundo todo.

JÔNATAS | AMIGO E HERÓI

HISTÓRIA NA BÍBLIA: 1 e 2Samuel.

NASCIMENTO: Por volta de 1050 a.C.

SIGNIFICADO DO NOME: "O Senhor deu".

OCUPAÇÃO: Príncipe e guerreiro.

PARENTES: Pai: Saul. Irmãs: Mical e Merabe. Filho: Mefibosete.

CONTEMPORÂNEO: Davi.

FICOU CONHECIDO POR: Ajudar Davi a fugir do rei Saul.

VOCÊ SABIA?

A estratégia vitoriosa utilizada por Jônatas na batalha de Micmás foi repetida com sucesso na Primeira Guerra Mundial no mesmo local.

- Filho e herdeiro do rei Saul.
- Melhor amigo de Davi.
- Sua irmã Mical casou-se com Davi.

PONTOS FORTES
- Guerreiro corajoso.
- Colocava os outros em primeiro lugar.
- Dependia totalmente de Deus.
- Leal ao seu pai, o rei Saul.

De todos os heróis da Bíblia, poucos são tão bons, verdadeiros e fiéis quanto Jônatas.

O filho mais velho do rei Saul era um poderoso guerreiro e um dos homens mais corajosos que já existiram. Jônatas derrotou os amonitas e os filisteus. Em uma situação, ele atacou um destacamento filisteu no topo de um penhasco em Micmás apenas com o seu jovem escudeiro. Ali, Jônatas matou vinte homens de uma vez só, fazendo com que todos eles ficassem desesperados para salvar suas vidas. Ele conseguiu realizar isso porque acreditava verdadeiramente que Deus seria fiel e o salvaria.

No entanto, Jônatas sabia que era Davi, e não ele, que o Senhor havia escolhido para suceder seu pai. Em vez de ficar com ciúmes ou raiva, Jônatas se tornou o melhor amigo de Davi. Em certo momento, seu pai, o rei Saul, se voltou contra Davi e tentou matá-lo. Porém, Jônatas protegeu do melhor amigo. Ao fazer isso, ele atraiu a ira do próprio pai para si. Mas Jônatas também não abandonou o rei Saul. Ele permaneceu sendo um filho fiel e um capitão valente em seu exército, vindo a morrer, eventualmente, ao lado de seu pai durante uma batalha.

JOSÉ DE ARIMATEIA
O DISCÍPULO SECRETO

HISTÓRIA NA BÍBLIA: Mateus 27; Marcos 15; Lucas 23; João 19.

NASCIMENTO: Por volta de 20 a.C.

SIGNIFICADO DO NOME: "Aquele que acrescenta".

OCUPAÇÃO: Ancião e membro do Sinédrio.

PARENTES: Desconhecidos.

CONTEMPORÂNEOS: Jesus, os discípulos e Nicodemos.

FICOU CONHECIDO POR: Sepultar o corpo de Jesus.

- Homem rico que buscou, genuinamente, o reino de Deus.
- De Arimateia, cidade da Judeia – não se sabe ao certo sua localização.
- Membro do Sinédrio, o conselho administrativo dos líderes judeus.
- Seguia Jesus em segredo, por medo dos judeus.
- Argumentou contra a execução de Jesus.
- Pediu o corpo de Jesus a Pôncio Pilatos após sua morte.
- Tirou o corpo de Jesus da cruz, junto com Nicodemos.
- Sepultou Jesus em seu próprio túmulo, numa rocha situada em um jardim.

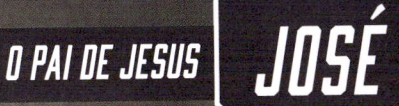

O PAI DE JESUS | JOSÉ

HISTÓRIA NA BÍBLIA: Mateus 1–2; Lucas 3.

NASCIMENTO: Por volta de 30 a.C.

SIGNIFICADO DO NOME: "Aquele que acrescenta".

OCUPAÇÃO: Carpinteiro.

PARENTES: Esposa: Maria. **Filho:** Jesus.

CONTEMPORÂNEO: Herodes, o Grande.

FICOU CONHECIDO POR: Ser o pai terreno de Jesus.

- Descendente de Davi.
- Morava em Nazaré, cidade que ficava no topo de uma colina no norte de Israel.
- Não é registrado falando uma só palavra na Bíblia.
- Provavelmente fazia móveis e ferramentas agrícolas, pois as casas na época eram feitas de pedra e terra.
- Recebeu a mensagem de um anjo em um sonho, dizendo que ele deveria se casar com Maria, embora ela já estivesse grávida.
- Levou Maria para a cidade natal de sua família, em Belém, para se registrar no censo.
- Recebeu uma mensagem em sonho: deveria levar Jesus e Maria ao Egito para fugir de Herodes.
- Não é mais mencionado depois de Jesus completar doze anos.

JOSÉ | O SONHADOR

HISTÓRIA NA BÍBLIA: Gênesis 37–50.

NASCIMENTO: Por volta de 1915 a.C., em Canaã.

SIGNIFICADO DO NOME: "Aquele que acrescenta".

OCUPAÇÃO: Pastor, escravo, primeiro-ministro do Egito.

PARENTES: Pai: Jacó. **Mãe:** Raquel. **Irmãos:** Zebulom, Issacar, Rúben, Naftali, Benjamim, Dã, Simeão, Levi, Judá, Gade e Aser. **Irmã:** Diná. **Esposa:** Azenate (egípcia). **Filhos:** Manassés e Efraim.

FICOU CONHECIDO POR: Salvar o Egito e a própria família da fome.

VOCÊ SABIA?

Moisés levou os ossos de José quando saiu do Egito durante o êxodo dos israelitas.

- Décimo primeiro dos doze filhos de Jacó.
- Filho de Raquel, a esposa preferida de Jacó.
- Famoso por sua túnica de "muitas cores".
- Após a conquista de Canaã, sua tribo foi dividida em duas, cada uma com o nome de um dos seus filhos, Manassés e Efraim.
- Morreu aos 110 anos.

PONTOS FORTES

- Interpretava sonhos.
- Grande estadista e organizador.
- Fiel a Deus.
- Não caiu em tentação.

PONTOS FRACOS

- Seu orgulho e sua arrogância o colocaram em apuros com seus irmãos.

Quando era jovem, José sonhou que seria tão grande no futuro, que seus onze irmãos se curvariam diante dele. Os irmãos, é claro, não ficaram nada felizes ao ouvir sobre esse sonho. Por isso, um dia, eles venderam José para ser escravo no Egito.

José tornou-se escravo na casa de um general do exército egípcio, chamado Potifar. Ele era um bom trabalhador e ganhou o favor de Potifar até que uma acusação falsa o fez ser preso por cerca de treze anos. Deus não havia se esquecido de José. O seu dom de interpretar sonhos acabou chamando a atenção do faraó, que ficou tão impressionado que colocou José como seu braço direito. Dessa forma, faraó tornou José o segundo homem no comando do Egito e o encarregou de preparar o país para a fome que estava se aproximando.

O planejamento cuidadoso de José manteve o Egito longe do desastre quando o restante do mundo morria de fome. Então, certo dia, os irmãos de José foram até ele para implorar por comida. Eles não reconheceram o irmão que haviam vendido como escravo anos antes. Depois de testá-los por um tempo, José finalmente se revelou aos irmãos e os perdoou pelo que tinham feito, dizendo: "Vocês planejaram o mal contra mim, mas Deus o tornou em bem."

Após uma reunião feliz, toda a família de José se mudou para o Egito. Os israelitas ficaram lá por mais de quatrocentos anos até que outro faraó os transformou em escravos. E o Senhor precisou resgatá-los mais uma vez.

JOSIAS — O DESTRUIDOR DE IMAGENS

HISTÓRIA NA BÍBLIA: 2Reis 22–23; 2Crônicas 34–35.

NASCIMENTO: Por volta de 650 a.C.

SIGNIFICADO DO NOME: "O Senhor cura".

OCUPAÇÃO: Décimo quinto rei de Judá.

PARENTES: Pai: Amom. Mãe: Jedida. Avô: Manassés.

CONTEMPORÂNEO: Jeremias.

FICOU CONHECIDO POR: Restaurar o templo e destruir os ídolos.

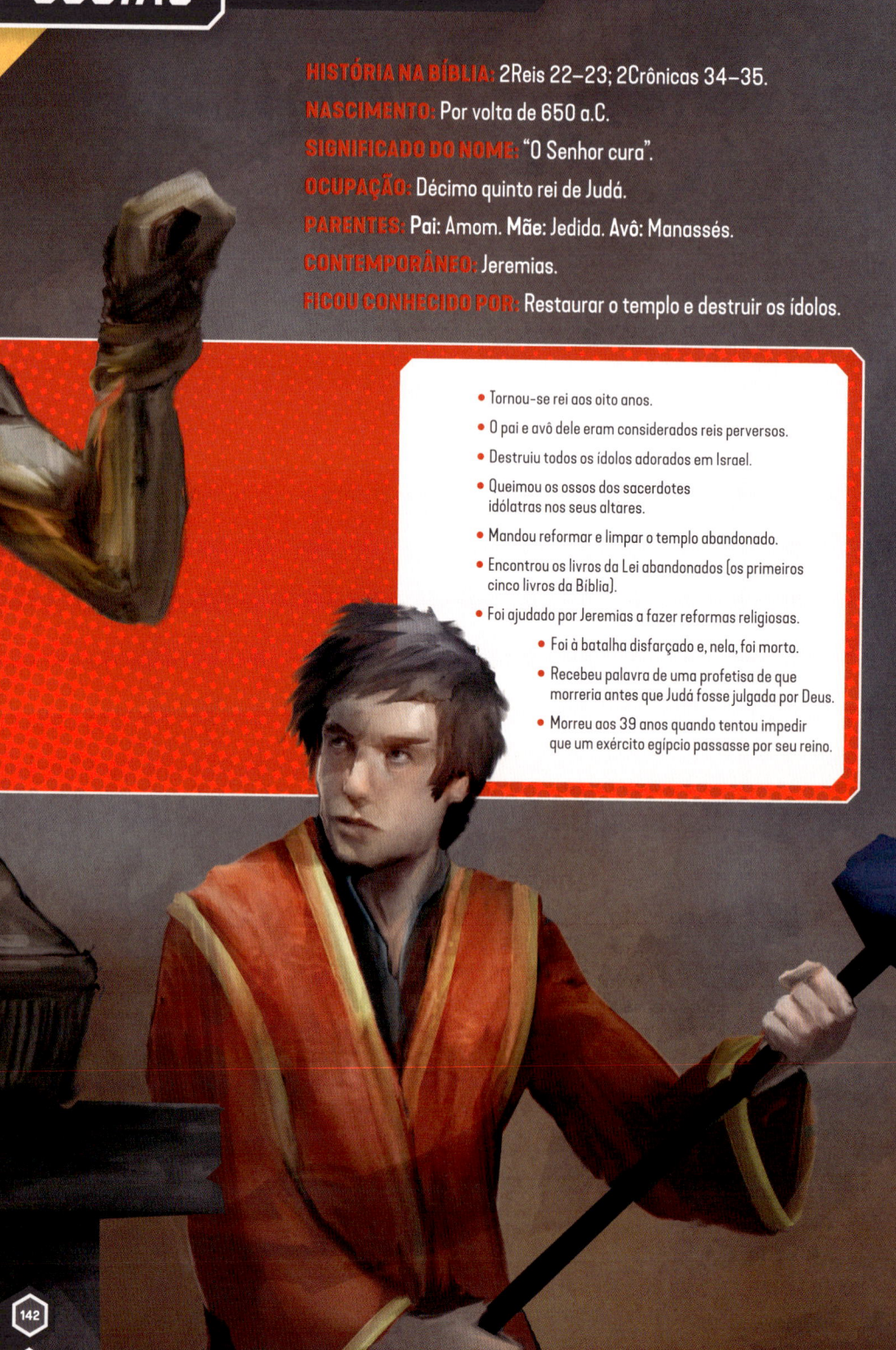

- Tornou-se rei aos oito anos.
- O pai e avô dele eram considerados reis perversos.
- Destruiu todos os ídolos adorados em Israel.
- Queimou os ossos dos sacerdotes idólatras nos seus altares.
- Mandou reformar e limpar o templo abandonado.
- Encontrou os livros da Lei abandonados (os primeiros cinco livros da Bíblia).
- Foi ajudado por Jeremias a fazer reformas religiosas.
- Foi à batalha disfarçado e, nela, foi morto.
- Recebeu palavra de uma profetisa de que morreria antes que Judá fosse julgada por Deus.
- Morreu aos 39 anos quando tentou impedir que um exército egípcio passasse por seu reino.

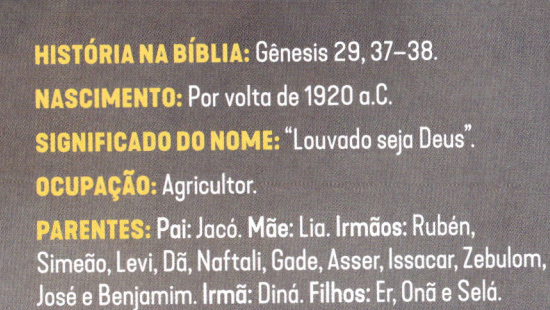

HISTÓRIA NA BÍBLIA: Gênesis 29, 37–38.

NASCIMENTO: Por volta de 1920 a.C.

SIGNIFICADO DO NOME: "Louvado seja Deus".

OCUPAÇÃO: Agricultor.

PARENTES: Pai: Jacó. **Mãe:** Lia. **Irmãos:** Rubén, Simeão, Levi, Dã, Naftali, Gade, Asser, Issacar, Zebulom, José e Benjamim. **Irmã:** Diná. **Filhos:** Er, Onã e Selá. **Nora:** Tamar.

FICOU CONHECIDO POR: Dar início à tribo da qual viriam Davi e Jesus.

- O quarto dos doze filhos de Jacó.
- Agia muitas vezes como líder e porta-voz da família.
- Convenceu os outros irmãos a não matarem José.
- Jacó profetizou que Judá era um "leão novo" e que ele governaria sobre os outros.
- Casou-se com uma mulher cananeia.
- Deus tirou a vida de dois de seus filhos, pois eles eram maus aos olhos do Senhor.
- Agiu muito mal com sua nora Tamar.
- Sua tribo tornou-se a maior em tamanho e detinha a maior parte da terra.
- Quando o reino de Israel foi dividido, as tribos de Judá e de Benjamim passaram a ser um reino separado.

JOSUÉ | O LÍDER GUERREIRO

HISTÓRIA NA BÍBLIA: Números e Josué.

NASCIMENTO: Por volta de 1470 a.C., no Egito.

SIGNIFICADO DO NOME: "Deus é a salvação".

OCUPAÇÃO: Guerreiro e líder dos israelitas depois da morte de Moisés.

PARENTES: Pai: Num. Irmã: Raabe. Irmão: Erã.

CONTEMPORÂNEOS: Moisés e Calebe.

FICOU CONHECIDO POR: Conquistar Canaã, a terra prometida.

VOCÊ SABIA?

Certa vez, Josué pediu a Deus que o sol e a lua parassem para que ele pudesse vencer sua batalha.

- O nome "Josué" é uma versão hebraica de Jesus ou Yeshua.
- Era o braço direito de Moisés. Assumiu a liderança do povo judeu após a morte de Moisés.
- Deus lembrava a Josué frequentemente que ele deveria ser forte e corajoso.
- Estava, provavelmente, com mais de sessenta anos quando entrou em Canaã.
- Lutou treze batalhas.
- Matou cinco reis amoritas.
- Derrotou um total de trinta e um reis em suas conquistas.

PONTOS FORTES
- Grande líder militar.
- Confiava em Deus e fez tudo o que ele ordenou.
- Guerreiro corajoso.

Josué foi uma das duas únicas pessoas que deixaram o Egito e entraram na terra prometida. Como espias, ele e Calebe foram explorar a terra que o Senhor dera aos israelitas. Eles aconselharam Moisés a invadirem a terra, de acordo com as instruções de Deus, mas os outros espias estavam com muito medo dos habitantes de lá. O Senhor se irritou com a falta de fé do povo e ordenou que todos que deixaram o Egito morressem no deserto, menos Josué e Calebe.

Após a morte de Moisés, Josué assumiu a liderança do povo e a conquista de Canaã. Sua primeira batalha foi a mais famosa, embora ele mesmo não tenha lutado muito. Dentro da cidade murada de Jericó, um ser celestial apareceu para Josué e deu a ele instruções bizarras, que envolviam marchar ao redor da cidade sete vezes tocando trombetas. O anjo disse: "Se fizer isso, o muro vai cair." Embora parecesse impossível, Josué cumpriu as ordens que recebeu e os poderosos muros que cercavam a cidade de Jericó vieram abaixo.

Josué teve uma vida de sucesso militar sem precedentes e de uma fidelidade inabalável a Deus. No entanto, infelizmente, apenas uma geração depois, os israelitas se esqueceriam da fidelidade do Senhor e mergulhariam novamente na idolatria.

JUDAS ISCARIOTES
O TRAIDOR

HISTÓRIA NA BÍBLIA: Mateus 26; Marcos 14; Lucas 22; João 18.

NASCIMENTO: Primeiro século a.C.

SIGNIFICADO DO NOME: "Louvado".

OCUPAÇÃO: Apóstolo de Jesus e tesoureiro.

PARENTE: Pai: Simão Iscariotes.

CONTEMPORÂNEOS: Jesus, Pedro e os outros discípulos.

FICOU CONHECIDO POR: Trair Jesus e entregá-lo aos líderes judeus.

Judas é o personagem mais complicado da Bíblia. Ele era um dos doze apóstolos que seguiram Jesus fielmente por três anos. No entanto, ainda assim, ele traiu o seu Senhor por trinta moedas de prata, o equivalente a cerca de três mil reais atualmente. Por que Judas fez isso? E por que Jesus, mesmo sabendo o que Judas faria, permitiu que ele continuasse sendo um de seus discípulos?

Houve muita especulação ao longo dos anos sobre o motivo da traição de Judas. Lucas e João afirmam que ele foi fortemente influenciado por Satanás. Outra teoria é a de que Judas se voltou contra Jesus na esperança de forçar o Senhor a revelar sua verdadeira natureza e a assumir seu trono como o Rei dos judeus. Pode ser também que, ao perceber que Jesus não se tornaria rei e ao descobrir que os principais líderes estavam querendo matá-lo, Judas tenha decidido pegar o dinheiro e fugir.

Não podemos ter certeza da razão. O que sabemos é que Judas não poderia fugir da culpa. Ele poderia ter pedido perdão. Porém, em vez disso, ele se enforcou na sua propriedade, que mais tarde foi comprada com as trinta moedas de prata pagas a ele.

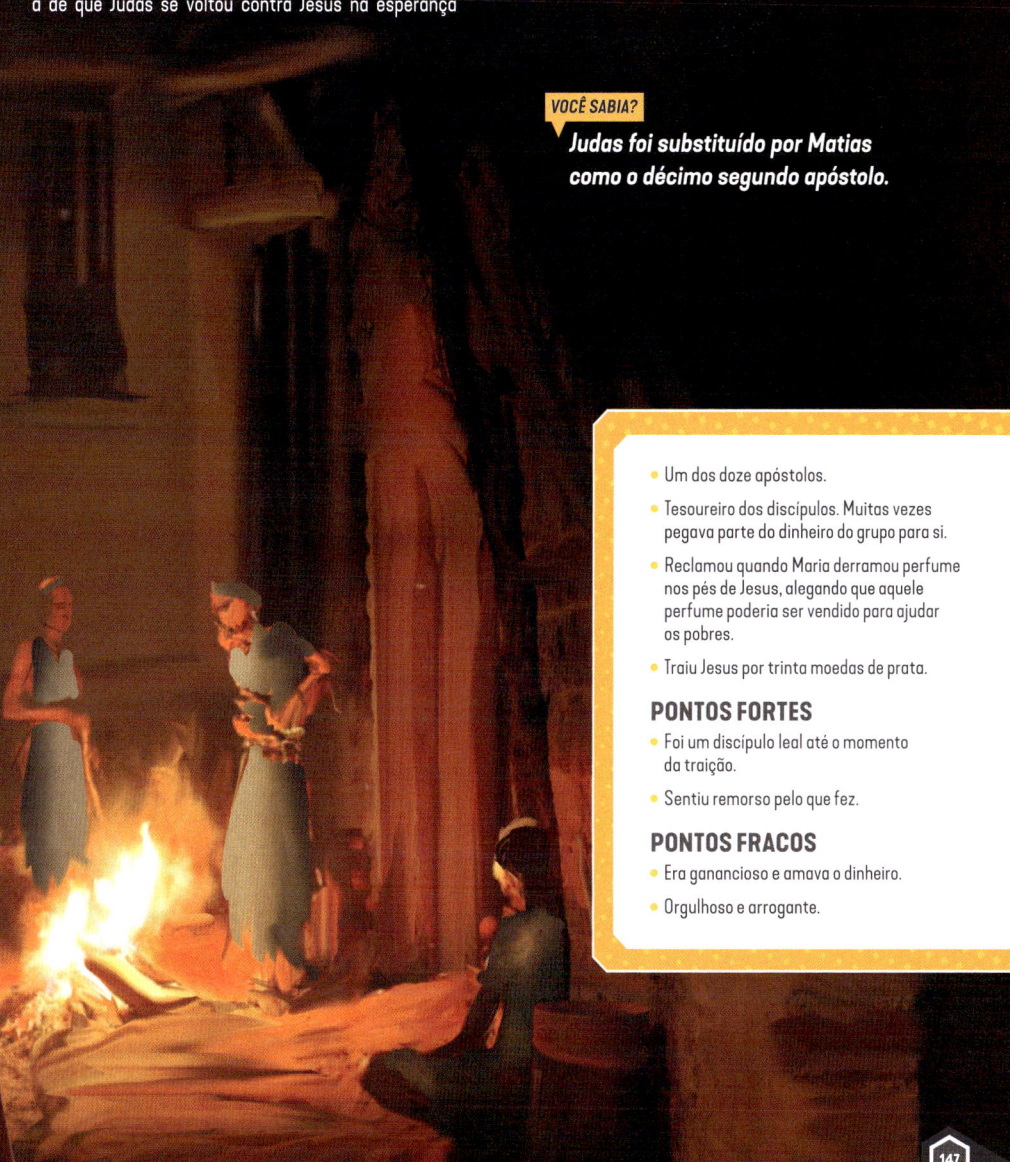

Judas foi substituído por Matias como o décimo segundo apóstolo.

- Um dos doze apóstolos.
- Tesoureiro dos discípulos. Muitas vezes pegava parte do dinheiro do grupo para si.
- Reclamou quando Maria derramou perfume nos pés de Jesus, alegando que aquele perfume poderia ser vendido para ajudar os pobres.
- Traiu Jesus por trinta moedas de prata.

PONTOS FORTES

- Foi um discípulo leal até o momento da traição.
- Sentiu remorso pelo que fez.

PONTOS FRACOS

- Era ganancioso e amava o dinheiro.
- Orgulhoso e arrogante.

LÁZARO

O HOMEM QUE VOLTOU À VIDA

HISTÓRIA NA BÍBLIA: João 11.

NASCIMENTO: Primeiro século d.C.

SIGNIFICADO DO NOME: "Deus ajudou".

OCUPAÇÃO: Agricultor (possivelmente).

PARENTES: Irmãs: Marta e Maria

CONTEMPORÂNEO: Jesus.

FICOU CONHECIDO POR: Ser ressuscitado por Jesus.

Lázaro era um amigo de Jesus que morava em Betânia, uma aldeia próxima de Jerusalém. Quando ficou doente, suas irmãs, Marta e Maria, mandaram chamar Jesus. No entanto, Jesus atrasou a sua ida à casa deles e só chegou depois que Lázaro já havia morrido. Ele já estava morto por quatro longos dias no momento em que Jesus finalmente chegou.

Marta e Maria ficaram chateadas por Jesus não ter chegado antes. Mas o Senhor tinha outros planos. Ele foi até o sepulcro onde o haviam colocado e mandou tirarem a pedra que estava fechando a entrada. Em seguida, Jesus ordenou que Lázaro saísse. Poucos minutos depois, a multidão atordoada viu Lázaro, ainda com as mãos e os pés envolvidos em faixas de linho, e o rosto envolto em um pano, saindo do sepulcro!

Muitas pessoas passaram a crer em Jesus após verem isso, o que deixou os líderes judeus muito mais determinados a matá-lo. Logo depois disso, Lázaro ofereceu um banquete em homenagem a Jesus, o homem que lhe deu uma segunda chance de viver.

A MÃE DE SEIS TRIBOS LIA

HISTÓRIA NA BÍBLIA: Gênesis 29.

NASCIMENTO: Anos 1900 a.C.

SIGNIFICADO DO NOME: "Vaca selvagem".

OCUPAÇÃO: Esposa e mãe.

PARENTES: Pai: Labão. **Irmã:** Raquel. **Marido:** Jacó. **Filhos:** Ruben, Simeão, Levi, Judá, Dã, Naftali. **Filha:** Diná.

FICOU CONHECIDA POR: Ser mulher de Jacó.

- Filha mais velha de Labão, tio de Jacó.
- Não era considerada tão bonita quanto sua irmã Raquel.
- Casou-se com Jacó contra a vontade dele, que foi enganado pelo sogro.
- Desejava o amor de Jacó, mas nunca o recebeu.
- Aprendeu a depender apenas do amor do Senhor, e não do seu marido.
- Deu à luz a seis dos doze filhos de Jacó.
- Morreu antes da família partir para o Egito.

LUCAS
O MÉDICO AMADO

HISTÓRIA NA BÍBLIA: Evangelho de Lucas; Atos dos apóstolos.

NASCIMENTO: Primeiro século d.C.

SIGNIFICADO DO NOME: "Luz" ou "iluminado" (incerto).

OCUPAÇÃO: Médico e missionário.

PARENTES: Desconhecidos.

CONTEMPORÂNEOS: Paulo e os outros apóstolos.

FICOU CONHECIDO POR: Escrever o evangelho de Lucas e Atos dos apóstolos.

- Não foi um dos discípulos originais.
- O único autor gentio (não judeu) de um livro da Bíblia.
- Registrou a história do nascimento de Jesus, a história do Natal.
- Excelente historiador.
- O evangelho de Lucas enfatiza o cuidado de Jesus pelos pobres, pelas mulheres e crianças e por outros grupos marginalizados da sociedade. Também é o evangelho que contém a maior parte das histórias de cura, talvez por Lucas ser médico.
- Ele endereçou seus dois livros a um homem chamado "Teófilo", que significa "amigo de Deus".
- Companheiro de viagem do apóstolo Paulo.
- Registrou as viagens missionárias de Paulo.

HISTÓRIA NA BÍBLIA: Atos 16.

NASCIMENTO: Primeiro século d.C.

SIGNIFICADO DO NOME: "Que pertence a Lídia" (incerto).

OCUPAÇÃO: Vendedora de tecido de púrpura.

PARENTES: Desconhecidos.

CONTEMPORÂNEOS: Paulo e Lucas.

FICOU CONHECIDA POR: Ser a primeira pessoa não judia a se converter pela pregação do apóstolo Paulo.

- Vivia em Filipos, que ficava na costa da Grécia.

- Vendia tecido púrpura, uma cor considerada da riqueza e da realeza.

- Muito próspera, chefe de sua família.

- Paulo a conheceu após receber uma visão dizendo que ele deveria ir para a Macedônia (Grécia).

- Paulo encontrou Lídia com um grupo de mulheres, orando na beira de um rio.

- A casa de Lídia virou a base de operações do apóstolo, em Filipos.

- Ajudou a estabelecer a igreja de Filipos, primeira igreja cristã da Europa.

- Paulo a batizou junto com todos de sua casa, o que provavelmente incluía seus escravos.

LÓ

UM ESPINHO NA VIDA DE ABRAÃO

HISTÓRIA NA BÍBLIA: Gênesis 11–14; 19.

NASCIMENTO: Anos 2100 a.C.

SIGNIFICADO DO NOME: "Escondido".

OCUPAÇÃO: Pastor de ovelhas.

PARENTES: Pai: Harã. **Tio:** Abraão.
Esposa: Nome desconhecido.
Filhas: Nomes desconhecidos.

FICOU CONHECIDO POR: Viver em Sodoma
antes de a cidade ser destruída.

- Seguiu seu tio Abraão em sua jornada para Canaã.

- Eventualmente se separou de Abraão e se mudou para Sodoma.

- Tornou-se um líder na cidade Sodoma, uma cidade perversa perto do mar Morto.

- Foi capturado por quatro reis que atacaram Sodoma e foi resgatado por Abraão.

- Anjos foram até Sodoma para mandar Ló e sua família fugirem da cidade.

- Sodoma foi destruída pelo Senhor com fogo e "enxofre" – que desceram do céu.

- Ló e suas filhas escaparam, mas sua mulher "olhou para trás" (após ser alertada para não fazer isso) e foi transformada em uma estátua de sal.

- A terra daquela região é tão salgada que até hoje não se pode plantar nenhum alimento em seu solo.

- Atualmente há uma estátua de uma mulher de sal na região do mar Morto.

MULHER SAMARITANA

A PRIMEIRA MISSIONÁRIA DE CRISTO

HISTÓRIA NA BÍBLIA: João 4.

NASCIMENTO: Primeiro século d.C.

SIGNIFICADO DO NOME: Desconhecido.

OCUPAÇÃO: Desconhecida.

PARENTES: Desconhecidos.

CONTEMPORÂNEO: Jesus.

FICOU CONHECIDA POR: Encontrar Jesus num poço, em Samaria.

Não sabemos o nome da mulher samaritana, mas seu encontro com Jesus ressoou ao longo dos séculos.

Jesus estava sentado no poço de Jacó, em Samaria, descansando de uma longa viagem, quando uma mulher chegou para tirar água. Jesus pediu um pouco de água para ela. A mulher ficou muito surpresa, pois os judeus nunca se associavam aos samaritanos. Mesmo assim, ela conversou com Jesus e descobriu que o Senhor sabia tudo sobre sua vida, incluindo todos os pecados que ela já havia cometido.

No entanto, Jesus também revelou a ela a sua verdadeira identidade – ele era o Messias. Ela, então, deixou o seu cântaro de água e voltou à cidade para contar a todos que havia conhecido o Cristo. Os habitantes da cidade foram até o poço para ver com os próprios olhos e também creram.

Quem era aquela mulher? Nunca saberemos nesta vida. Ela não era considerada uma boa mulher nem mesmo em sua própria cidade. Ainda assim, Jesus a escolheu para revelar sua identidade e para lhe dar um presente que ninguém mais pode dar: água viva, isto é, o Espírito Santo.

MANASSÉS
O REI MAIS PERVERSO

HISTÓRIA NA BÍBLIA: 2Crônicas 33; 2Reis 21.

NASCIMENTO: Por volta de 700 a.C.

SIGNIFICADO DO NOME: "Deus me fez esquecer".

OCUPAÇÃO: Décimo terceiro rei de Judá.

PARENTES: Pai: Ezequias. **Mãe:** Hefzibá. **Avô:** Acaz. **Filho:** Amom.

CONTEMPORÂNEO: Isaías.

FICOU CONHECIDO POR: Mergulhar Judá na idolatria e na maldade.

- Assumiu o trono aos doze anos de idade e reinou por 55 anos.
- Construiu um santuário pagão dentro do templo.
- Sacrificou o próprio filho aos deuses pagãos.
- Praticava feitiçaria e adivinhações e usava médiuns para se comunicar com os mortos.
- Capturado pelo rei da Assíria por causa de sua desobediência; ficou preso na Babilônia.
- Arrependeu-se de seus pecados e foi perdoado por Deus.
- Voltou para Jerusalém e retirou todos os altares de ídolos que havia construído.
- Foi enterrado em seu jardim, e não com os outros reis de Judá.
- Seu filho Amom seguiu seus caminhos idólatras e perversos.

HISTÓRIA NA BÍBLIA: Atos 12; 15.

NASCIMENTO: Primeiro século d.C.

SIGNIFICADO DO NOME: "Guerreiro".

OCUPAÇÃO: Apóstolo.

PARENTES: Mãe: Maria (não a mãe de Jesus). **Primo:** Barnabé.

CONTEMPORÂNEOS: Pedro, Paulo e Lucas.

FICOU CONHECIDO POR: Escrever o evangelho de Marcos.

- João era o seu nome judeu; Marcos era seu sobrenome romano.
- É citado às vezes na Bíblia como "João".
- Discípulo de Pedro que passou muito tempo na casa de sua mãe ensinando.
- Escreveu o evangelho de Marcos, que é cheio de ação.
- Foi o motivo da separação de Barnabé e Paulo, porque Barnabé queria levar Marcos com ele em outra viagem.
- Resolveu os problemas com Paulo, que pediu que ele fosse visitá-lo na prisão.
- Ele falhou algumas vezes como missionário, mas seu evangelho inspirou milhões de pessoas a seguirem Jesus.
- O evangelho de Marcos é o mais curto de todos os quatro evangelhos e provavelmente foi escrito primeiro.

MARIA

HISTÓRIA NA BÍBLIA: Mateus 1, 2, 13; Marcos 3, 6; Lucas 1–2; João 2; Atos 1; Apocalipse 12.

NASCIMENTO: Por volta de 20 a.C., em Nazaré.

SIGNIFICADO DO NOME: "Rebelião".

OCUPAÇÃO: Esposa e mãe.

PARENTES: Marido: José. **Prima:** Isabel.
Filhos: Jesus, José, Tiago, Judas e Simão.
Filhas: Nomes desconhecidos.

FICOU CONHECIDA POR: Ser a mãe de Jesus

Maria teve um momento de desespero ao, acidentalmente, esquecer Jesus, que estava com 12 anos. Isso aconteceu em Jerusalém quando foram para lá celebrar a Páscoa.

- Foi a única pessoa a estar presente no nascimento e na morte de Jesus.
- Cantou uma música frequentemente chamada de "Magnificat" em louvor a Deus pela libertação de seu povo.
- Testemunhou a realização do primeiro milagre de Jesus: transformar água em vinho.

PONTOS FORTES

- Corajosa.
- Obediente e disposta a fazer tudo o que Deus ordenasse.
- Guardava tudo em seu coração.

PONTOS FRACOS

- Não conhecia a verdadeira identidade e o propósito de Jesus.

Maria era uma moça adolescente e estava noiva de José quando o anjo Gabriel apareceu para dizer que ela teria um Filho do Espírito Santo — um Filho que seria o Salvador do mundo. Embora Maria não tenha entendido muito bem o que aquilo significava, aceitou a vontade de Deus com graça e coragem. Ela deu à luz a Jesus e o viu crescer e se tornar um homem cheio de sabedoria e poder sobrenatural.

Anos depois, ela estava de pé, ao lado da cruz romana vendo o Filho morrer.

Essa humilde jovem judia se transformaria em uma das mulheres mais reverenciadas da história do mundo. Tudo porque, ao receber uma missão impossível de Deus, ela disse "sim".

MARIA MADALENA

LIBERTA DOS DEMÔNIOS

HISTÓRIA NA BÍBLIA: Mateus 27–28; Marcos 15–16; Lucas 8; João 19–20

NASCIMENTO: Primeiro século d.C.

SIGNIFICADO DO NOME: "Rebelião", "a que veio de Magdala".

OCUPAÇÃO: Apoiadora de Jesus.

PARENTES: Desconhecidos.

CONTEMPORÂNEOS: Jesus e os discípulos.

FICOU CONHECIDA POR: Ser uma das mulheres que seguiam Jesus.

Não sabemos nada sobre a família de Maria Madalena. Ela nunca é mencionada como a esposa, filha ou irmã de alguém. Ela é apenas Maria, de uma cidade chamada Magdala, um porto de pesca na Galileia.

A família de Maria Madalena era Jesus. Ela era uma das muitas mulheres que o seguiam, aprendiam com ele, o apoiavam e ficaram aos pés da cruz no momento em que ele estava morrendo. Quando ela foi até o sepulcro naquela manhã de domingo para ungir seu corpo, de acordo com o costume judaico, encontrou a pedra da entrada fora do lugar e o sepulcro vazio. Em seguida, Maria Madalena correu para contar aos discípulos.

João e Pedro foram até lá, investigaram e foram embora, mas Maria ficou. Enquanto ela chorava na entrada do sepulcro, uma voz disse: "Mulher, por que você está chorando?" Ela não sabia que era Jesus; pensou que fosse o jardineiro. Então, o Senhor falou seu nome: "Maria!" e ela soube que Jesus estava vivo, exatamente como ele disse que estaria.

- Uma das seguidoras femininas mais devotas de Jesus.
- Viajava com os discípulos.
- A primeira pessoa a descobrir o sepulcro vazio, a primeira a ver Jesus ressuscitado e a primeira a contar aos discípulos o que havia acontecido.

PONTOS FORTES

- Extremamente leal a Jesus.
- Permaneceu com ele até a hora de sua morte na cruz.
- Tinha recursos financeiros para sustentar o ministério de Jesus.

PONTOS FRACOS

- No início, não acreditou que Jesus havia ressuscitado dos mortos.

Maria Madalena passou a seguir Jesus depois que ele expulsou sete demônios dela.

MARTA E MARIA

HISTÓRIA NA BÍBLIA: Lucas 10; João 11–12.

NASCIMENTO: Primeiro século d.C.

SIGNIFICADO DO NOME: Maria: "Rebelião"; Marta: "Senhora".

OCUPAÇÃO: Amigas de Jesus.

PARENTES: Irmão: Lázaro.

CONTEMPORÂNEOS: Jesus e os discípulos.

FICARAM CONHECIDAS POR: Serem amigas e apoiadoras de Jesus.

- Duas irmãs que moravam com o seu irmão Lázaro em Betânia, perto de Jerusalém.

- Jesus era um convidado frequente em sua casa.

- Seu irmão Lázaro foi ressuscitado por Jesus.

- Durante um banquete realizado em homenagem a Jesus, Maria derramou nardo puro nos pés do Senhor. Ela os enxugou com seus cabelos, como um gesto de amor e gratidão.

PONTOS FORTES

- Marta – diligente, trabalhadora.

- Maria – contemplativa, ávida por aprender.

PONTOS FRACOS

- Marta – tendência a reclamar por ter que fazer tudo.

- Maria – tendência a não ajudar quando era necessário.

Marta e Maria eram irmãs, mas não poderiam ser mais diferentes. Marta era uma excelente dona de casa e cozinheira que sempre servia Jesus quando ele ia visitá-las. Porém, em vez de cozinhar e servir, Maria preferia sentar-se aos pés de Jesus e ouvir suas palavras (o que Jesus afirmou ser a melhor escolha). No entanto, Jesus não chegou a tempo para curar o seu irmão Lázaro e as irmãs ficaram arrasadas.

No momento em que Jesus finalmente chegou, Lázaro já estava morto há quatro dias. Jesus cumprimentou as irmãs de coração partido, que perguntaram por que ele não havia chegado antes. Jesus foi até a sepultura, ordenou que a pedra que a fechava fosse retirada e mandou Lázaro sair. No início, Marta ficou horrorizada, pois ela sabia que o corpo já estaria cheirando mal pelo tempo que passara. Então, ela e Maria viram o irmão saindo da sepultura – vivo e bem!

VOCÊ SABIA?

Maria ungiu os pés de Jesus com nardo, um óleo essencial muito caro do Oriente.

MATEUS

O COBRADOR DE IMPOSTOS QUE DISSE SIM

- Também era chamado de Levi.
- Um dos doze apóstolos de Jesus.
- Cobrador de impostos de Herodes Antipas.
- Os cobradores de impostos eram odiados pelos judeus. Os fariseus os consideravam os piores dos pecadores, pois eles tiravam dinheiro do seu próprio povo. Além disso, muitas vezes cobravam a mais para lucrar.
- Trabalhava em Cafarnaum, cobrando tarifas sobre mercadorias que passavam na estrada entre Damasco e o mar Mediterrâneo.

- Culto, sabia aramaico e grego.
- Deixou seu posto de cobrador de impostos quando Jesus foi até lá e disse: "Siga-me."
- Preparou um grande banquete para Jesus e convidou todos os seus amigos cobradores de impostos.

HISTÓRIA NA BÍBLIA:
Mateus 9; Marcos 2; Lucas 5.

NASCIMENTO:
Primeiro século d.C.

SIGNIFICADO DO NOME: "Presente de Deus".

OCUPAÇÃO: Cobrador de impostos.

PARENTE: Pai: Alfeu.

CONTEMPORÂNEOS:
Jesus, os discípulos e Herodes Antipas.

FICOU CONHECIDO POR: Escrever o evangelho de Mateus.

MELQUISEDEQUE

HISTÓRIA NA BÍBLIA: Gênesis 14; Salmo 110; Hebreus 7.

NASCIMENTO: Por volta de 2100 a.C.

SIGNIFICADO DO NOME: "Rei da justiça".

OCUPAÇÃO: Rei e sacerdote de Deus.

PARENTES: Desconhecidos.

CONTEMPORÂNEO: Abraão.

FICOU CONHECIDO POR: Ter abençoado Abraão.

- Chamado de rei de Salém, cidade cananeia que, depois, se tornou Jerusalém.

- Também conhecido como rei da justiça e rei da paz (Shalom).

- Apenas quatro versículos do Antigo Testamento contam sua história.

- Foi um sacerdote escolhido por Yahweh (Deus) antes do tempo dos levitas.

- Cumprimentou Abraão que havia acabado de vencer uma batalha contra os cananeus. Deu-lhe pão e vinho e o abençoou.

- Recebeu um décimo dos bens de Abraão.

- Comparado a Jesus em Hebreus 7, que diz que ele não teve início nem fim, não teve pai, nem mãe, indicando que ele era como um ser celestial.

MIGUEL

O ANJO GUERREIRO

HISTÓRIA NA BÍBLIA: Daniel 10, 12; Apocalipse 12; Judas 9.

SIGNIFICADO DO NOME: "Quem é como Deus?"

OCUPAÇÃO: Arcanjo.

FICOU CONHECIDO POR: Ser o guardião de Israel.

- O "mais poderoso dos anjos" de acordo com Judas.
- O príncipe angelical e guardião de Israel.
- Chefe dos exércitos de anjos.
- Teve que salvar um anjo mensageiro que estava indo falar com Daniel quando foi atacado pelo príncipe do reino da Pérsia (outro ser divino).
- Vai liderar os exércitos de anjos contra Satanás – o dragão – no fim dos tempos, de acordo com o livro de Apocalipse.
- Um dos únicos dois anjos mencionados pelo nome na Bíblia.

MIRIÃ

HISTÓRIA NA BÍBLIA: Êxodo 2, 15; Números 12, 20.

NASCIMENTO: Anos 1500 a.C., no Egito.

SIGNIFICADO DO NOME: "Rebelião".

OCUPAÇÃO: Profetisa.

PARENTES: Irmãos: Moisés e Arão.
Mãe: Joquebede. Pai: Anrão.

FICOU CONHECIDA POR: Vigiar seu irmão caçula
Moisés; ajudar a liderar os israelitas no deserto.

- Viu a filha de faraó pegar, no rio, seu irmão Moisés quando era bebê e sugeriu que sua mãe o amamentasse.
- Liderou as mulheres em uma canção de vitória e louvor após a travessia do mar Vermelho.
- Era famosa por cantar e dançar.
- Costumavam chamá-la de profetisa.
- Certa vez se opôs à liderança de Moisés e foi acometida por lepra.
- Morreu no deserto, em Zim.

MOISÉS | O PRÍNCIPE DO EGITO

HISTÓRIA NA BÍBLIA: De Êxodo a Deuteronômio.

NASCIMENTO: Por volta de 1526 a.C., no Egito.

SIGNIFICADO DO NOME: "Tirado das águas" (hebraico) e "Filho" (egípcio).

OCUPAÇÃO: Príncipe do Egito, pastor de ovelhas e líder dos israelitas.

PARENTES: Pai: Anrão. **Mãe:** Joquebede. **Irmão:** Arão. **Irmã:** Miriã. **Esposa:** Zípora. **Sogro:** Jetro (ou Reuel). **Filhos:** Gérson e Eliézer.

FICOU CONHECIDO POR: Liderar os israelitas no deserto até a terra prometida.

- A maior figura do Antigo Testamento.
- Tinha oitenta anos quando Deus o chamou para liderar o povo.
- Pode ter sido gago.
- Cometeu assassinato.
- Escreveu canções, incluindo o Salmo 90 da Bíblia.
- Morreu em uma montanha e Deus o enterrou em um lugar secreto.
- Tinha 120 anos quando morreu.

PONTOS FORTES

- Grande líder espiritual.
- Experiência e treinamento no deserto.
- O homem mais humilde de seu tempo.
- Confiava em Deus.

PONTOS FRACOS

- Tinha um gênio difícil.
- Muitas vezes tentava fazer tudo sozinho.
- Às vezes relutava em obedecer às ordens do Senhor.

Moisés nasceu hebreu, no Egito, numa época em que o faraó havia ordenado o assassinato de todos os recém-nascidos hebreus do sexo masculino. A mãe de Moisés o colocou em um cesto no rio. Graças à providência de Deus, a filha do faraó o tirou do rio e o criou como se fosse seu próprio filho.

Aos quarenta anos, Moisés foi obrigado a fugir do palácio após matar um supervisor egípcio. Ele viveu em exílio por quarenta anos, trabalhando como um pastor humilde, provavelmente pensando que passaria o fim da vida dessa forma.

No entanto, o Senhor apareceu a Moisés em uma sarça ardente. Deus disse que ele deveria liderar o povo de Israel para fora do Egito. Depois de vários confrontos dramáticos com o faraó e de dez pragas terríveis, Moisés conseguiu fazer isso. Ele, que antes pastoreava ovelhas, passou a pastorear um grande rebanho de pessoas muito teimosas e difíceis.

Os israelitas levaram quarenta anos para chegar ao seu destino. O próprio Moisés não foi autorizado a entrar na terra prometida, mas ele pode ver um vislumbre dela, pouco antes de morrer. Além disso, ele é uma das poucas pessoas em toda a Bíblia que viram Deus face a face e viveu para contar.

VOCÊ SABIA?

O "moisés" é uma cestinha, ou pequeno berço portátil para carregar bebês.

MARDOQUEU
O HERÓI DOS JUDEUS

HISTÓRIA NA BÍBLIA: Livro de Ester.

NASCIMENTO: 540 a.C. na Pérsia.

SIGNIFICADO DO NOME: "Homem pequeno".

OCUPAÇÃO: Funcionário do tribunal e, mais tarde, tornou-se primeiro-ministro de Susã.

PARENTES: Prima: Ester (Hadassa). Pai: Jair.

CONTEMPORÂNEOS: Hamã e Xerxes.

FICOU CONHECIDO POR: Ajudar a salvar o povo judeu de um holocausto.

- Guardião da rainha Ester.
- Oficial da cidade persa de Susã.
- Sentava-se no portão do palácio e observava as pessoas indo e vindo.
- Uma vez impediu o assassinato do rei persa.
- Ajudou Ester a impedir uma conspiração para aniquilar os judeus da Pérsia.
- Foi honrado pelo rei e nomeado primeiro-ministro.

NAAMÃ

HISTÓRIA NA BÍBLIA: 2Reis 5; Lucas 4.

NASCIMENTO: 850 a.C., na Síria.

SIGNIFICADO DO NOME: "Agradável".

OCUPAÇÃO: Comandante militar.

PARENTES: Desconhecidos.

CONTEMPORÂNEOS: Eliseu e Ben–Hadade II, rei da Síria.

FICOU CONHECIDO POR: Ser um gentio curado pelo Deus de Israel.

Naamã era um general sírio famoso e bem-sucedido que foi acometido por uma terrível doença de pele conhecida como lepra. Esse general tinha uma escrava judia que lhe disse para procurar o profeta Eliseu de Israel para curá-lo. Então, Naamã partiu, levando muito dinheiro com ele. Porém Eliseu não foi se encontrar pessoalmente com Naamã, apenas disse para ele se lavar no rio Jordão sete vezes. O general sentiu-se insultado pelo desprezo de Eliseu, mas seguiu suas instruções e foi milagrosamente curado.

Assim, Naamã se tornou seguidor do Senhor e pediu para levar um pouco da terra do solo de Israel à sua terra natal. Dessa forma, ele poderia adorar ao Senhor em solo sagrado, mesmo enquanto servia ao seu rei pagão.

Jesus citou Naamã como sendo o único leproso a ser curado pelo Senhor no tempo de Eliseu – e ele nem era judeu. O povo ficou tão furioso quando Jesus disse isso que tentou jogá-lo de um penhasco.

NABOTE
LUGAR ERRADO, HORA ERRADA

Nabote teve o azar de possuir uma vinha bem ao lado do palácio do rei Acabe. O rei decidiu que queria comprar a vinha para transformá-la em uma horta, mas Nabote se recusou a oferta. Era uma terra de herança que não podia ser vendida. Isso, porém, não impediu o rei Acabe. Ele reclamou com sua mulher Jezabel, que mandou apedrejar Nabote e seus filhos até a morte.

Então o rei Acabe ficou com a vinha de Nabote. No entanto, o profeta Elias disse ao rei que, por causa desse ato tão perverso, cães lamberiam seu sangue, assim como lamberam o de Nabote. Não muito tempo depois, o rei Acabe foi morto em batalha e seu sangue foi lambido por cães. Quando Jorão, filho de Acabe, foi morto, seu corpo foi jogado nas terras de Nabote.

HISTÓRIA NA BÍBLIA: 1Reis 21; 2Reis 9.

NASCIMENTO: Por volta de 900 a.C., em Jezreel.

SIGNIFICADO DO NOME: "Frutos".

OCUPAÇÃO: Proprietário de vinha.

PARENTE: Filho: Nome desconhecido.

CONTEMPORÂNEOS: Acabe e Jezabel.

FICOU CONHECIDO POR: Ser assassinado por um pedaço de terra.

HISTÓRIA NA BÍBLIA: Livro de Rute.

NASCIMENTO: Por volta de 1225 a.C., em Belém.

SIGNIFICADO DO NOME: "Doçura".

OCUPAÇÃO: Mãe.

PARENTES: Marido: Elimeleque. Filhos: Malom e Quiliom. Noras: Rute e Orfa.

FICOU CONHECIDA POR: Ser a sogra de Rute.

Noemi havia se mudado com seu marido de Belém para a terra pagã de Moabe por causa da fome em Judá. Seus filhos se casaram com mulheres moabitas. Quando o marido e os dois filhos morreram, Noemi ficou tão amargurada que mudou seu nome para Mara, que significa "amarga".

Pobres e desamparadas, ela e suas noras Rute e Orfa viajaram de volta para Judá, onde Noemi ainda tinha alguns parentes. Orfa voltou para Moabe no meio do caminho. Porém, Rute jurou ficar com Noemi, escolhendo fazer parte de sua família e adorar o seu Deus.

Quando chegaram em Judá, Noemi ajudou Rute a ganhar o favor de seu parente Boaz. Ele se apaixonou por Rute, se casou com ela e deu às duas mulheres um lar e uma família. Noemi, que se sentia amaldiçoada por Deus, agora sabia que era abençoada.

NABUCODONOSOR

O CONQUISTADOR

HISTÓRIA NA BÍBLIA: 2 Reis e Daniel.

NASCIMENTO: Por volta de 630 a.C., na Babilônia.

SIGNIFICADO DO NOME: "Nabu protege".

OCUPAÇÃO: Rei da Babilônia.

PARENTES: Pai: Nabopolassar. Filho: Evil-Merodaque.

CONTEMPORÂNEOS: Daniel, Ezequiel, rei Jeoaquim e rei Zedequias.

FICOU CONHECIDO POR: Conquistar Judá e destruir o templo.

O grande conquistador Nabucodonosor teve um sonho assustador com uma estátua enorme. Ele pediu aos magos da corte não só para interpretá-lo, mas para explicarem o que era. Os magos, entretanto, não conseguiram fazer isso. O rei ficou tão furioso que ordenou que todos eles fossem mortos.

No entanto, Daniel, um dos exilados de Israel, interveio. Ele orou a noite inteira. Então, o Senhor revelou a Daniel o sonho e, também, seu significado. Nabucodonosor ficou tão impressionado com a capacidade de Daniel de explicar seu sonho que declarou que o Deus de Daniel deveria ser o maior de todos os deuses. Em seguida, o rei deu a ele o cargo de chefe de todos os oficiais da corte.

Embora Nabucodonosor nunca tenha seguido o Deus de Israel, ele pareceu reconhecer o poder do Senhor por meio de Daniel. Mal sabia Nabucodonosor que ele estava sendo usado por Deus para disciplinar seu povo e trazê-los de volta ao Senhor.

- O segundo e mais poderoso rei da Babilônia.
- Recebeu seu nome como homenagem a Nabu, deus babilônico da sabedoria e da agricultura.
- Destruiu Jerusalém e o templo, exterminando a nação judaica.
- Mandou arrancar os olhos do rei Zedequias e matar seus filhos.
- Levou grande parte da população de Judá para o exílio.
- Levou Ezequiel, Daniel e os três amigos de Daniel para a Babilônia.
- Construiu muitas cidades, palácios e templos.
- Enlouqueceu por um tempo e viveu como um animal, mas depois se recuperou.

PONTOS FORTES

- Grande líder militar.
- Reconhecia as habilidades de seus prisioneiros judeus.
- Permitiu que Daniel adorasse ao seu Deus.

PONTOS FRACOS

- Excessivamente orgulhoso e arrogante.
- Muito violento.
- Não deu ouvidos às advertências do Senhor.

NATÃ

UM PROFETA COM UMA MISSÃO DIFÍCIL

HISTÓRIA NA BÍBLIA: 2Samuel 7; 12.

NASCIMENTO: Por volta de 1000 a.C.

SIGNIFICADO DO NOME: "Ele deu".

OCUPAÇÃO: Profeta.

PARENTES: Filhos: Zabade e Azarias.

CONTEMPORÂNEOS: Davi e Salomão.

FICOU CONHECIDO POR: Repreender Davi pelo seu pecado.

- Conselheiro e profeta dos reis Davi e Salomão.
- Disse a Davi que o Senhor não queria que ele construísse o templo.
- Usou uma parábola (uma história inventada) sobre um homem rico e uma cordeirinha para repreender Davi por seu pecado com Bate-Seba.
- Escreveu histórias sobre Davi e Salomão.
- Encarregado da educação de Salomão.
- Ajudou a garantir que Salomão fosse nomeado o sucessor de Davi e ungido rei.
- Seus filhos eram altos funcionários do tribunal.

NATANAEL

HISTÓRIA NA BÍBLIA:
João 1.

NASCIMENTO:
Primeiro século d.C.

SIGNIFICADO DO NOME:
"Presente de Deus".

OCUPAÇÃO:
Apóstolo.

CONTEMPORÂNEOS:
Jesus, Filipe e os discípulos.

FICOU CONHECIDO POR:
Ser um dos doze
discípulos de Jesus.

- De Caná da Galileia.
- Também chamado de Bartolomeu, que significa "filho do agricultor" (o apóstolo Mateus também tinha um segundo nome: Levi).
- Melhor amigo do apóstolo Filipe.
- Bem versado nas Escrituras.
- No início não creu em Jesus porque o Senhor era de Nazaré.
- Ficou tão impressionado quando Jesus disse que o tinha visto "debaixo da figueira", que declarou que Cristo era o Filho de Deus e o Rei de Israel (as pessoas costumavam ficar debaixo da figueira para ler ou estudar).
- Estava com os discípulos que viram Jesus ressuscitado na praia do mar da Galileia.

NEEMIAS
O CONSTRUTOR DE MUROS

HISTÓRIA NA BÍBLIA: Livro de Neemias.

NASCIMENTO: Por volta de 500 a.C., na Pérsia.

SIGNIFICADO DO NOME: "Aquele que Deus consola".

OCUPAÇÃO: Copeiro e Governador.

PARENTE: Pai: Hacalias.

CONTEMPORÂNEOS: Rei Artaxerxes I, Ester, Esdras e Malaquias.

FICOU CONHECIDO POR: Reconstruir os muros de Jerusalém.

VOCÊ SABIA?

Neemias reconstruiu os muros de Jerusalém em apenas cinquenta e dois dias.

- Exilado judeu vivendo na Pérsia.
- Copeiro do rei Artaxerxes.
- Organizou a reconstrução dos muros de Jerusalém.
- Tornou-se governador de Judá.

PONTOS FORTES

- Corajoso.
- Grande planejador e organizador.
- Grande líder moral.
- Devoto e compassivo.

O primeiro trabalho de Neemias era provar o vinho do rei para se certificar de que não estava envenenado. Ele precisava ser, portanto, muito corajoso. Quando soube da situação deplorável em que Jerusalém se encontrava, Neemias pediu ao rei permissão para ir até lá a fim de resolver as coisas. Artaxerxes permitiu e nomeou Neemias o governador de Judá.

Neemias chegou a Jerusalém e encontrou os muros em volta da cidade completamente destruídos. Ele logo começou a trabalhar, organizando as pessoas para reconstruí-los e voltar a adorar ao Senhor como deveriam. Os líderes locais tentaram impedir o trabalho de Neemias. Por isso, ele precisou posicionar guardas com armas ao lado dos construtores para protegê-los. Apesar de muitos contratempos, os muros foram reconstruídos muito mais rápido do que se esperava. Então, Neemias voltou à Pérsia. Infelizmente, 12 anos depois do seu retorno, os israelitas passaram a adorar os ídolos de novo.

NICODEMOS

O SEGUIDOR SECRETO DE JESUS

- Fariseu, mestre da Lei e membro do Sinédrio.
- Visitou Jesus à noite em segredo para aprender mais sobre o Senhor.
- Foi a primeira pessoa a ouvir Jesus dizer as palavras de João 3.16: "Porque Deus tanto amou o mundo que deu o seu Filho Unigênito, para que todo o que nele crer não pereça, mas tenha a vida eterna."
- Ouviu de Jesus que ele precisava "nascer de novo".
- Defendeu Jesus quando os fariseus quiseram prendê-lo.
- Arriscou a reputação ao ajudar José de Arimateia a levar o corpo de Jesus até o sepulcro.

HISTÓRIA NA BÍBLIA: João 3; 7; 19.

NASCIMENTO: Por volta de 25 a.C.

SIGNIFICADO DO NOME: "Inocente".

OCUPAÇÃO: Fariseu.

PARENTES: Desconhecidos.

CONTEMPORÂNEOS: Jesus, Pilatos e José de Arimateia.

FICOU CONHECIDO POR: Ser um líder judeu que acreditou em Jesus.

HISTÓRIA NA BÍBLIA: Gênesis 10.

NASCIMENTO: Desconhecido.

SIGNIFICADO DO NOME: "Rebelde" (incerto).

OCUPAÇÃO: Caçador e rei.

PARENTES: Pai: Cuxe. Avô: Cam.

FICOU CONHECIDO POR: Construir as cidades da Babilônia e de Nínive.

- Descendente de Noé.
- Líder forte e ambicioso.
- Chamado "o mais valente dos caçadores" e "o primeiro homem poderoso na terra".
- Recebeu o crédito por ter fundado as cidades da Babilônia e de Nínive.
- No final, todo o seu poder não foi nada comparado ao grande poder de Deus.
- Seu nome é usado hoje para fazer referência a especialistas em caça.

NOÉ

O ÚLTIMO HOMEM BOM

HISTÓRIA NA BÍBLIA: Gênesis 5–10 .

NASCIMENTO: Desconhecido.

SIGNIFICADO DO NOME: "Descanso".

OCUPAÇÃO: Construtor naval, tratador de animais e agricultor.

PARENTES: Pai: Lameque. Avô: Matusalém. Filhos: Sem, Cam e Jafé.

FICOU CONHECIDO POR: Construir uma arca e sobreviver a um dilúvio mundial.

VOCÊ SABIA?

A arca de Noé tinha um campo de futebol e meio de comprimento (mas possuía apenas a metade do comprimento do Titanic).

Nos tempos de Noé, as pessoas haviam se tornado tão perversas que Deus decidiu refazer a humanidade. Assim, o Criador mandou Noé, o único homem justo que tinha sobrado na terra, construir um barco enorme. Em terra firme.

Noé tinha quinhentos anos quando começou a construir a arca e esse trabalho levou cem anos para ser concluído. Quando a arca ficou pronta, o Senhor a encheu com todas as espécies de animais. Noé, sua mulher, seus três filhos e suas esposas embarcaram na arca quando a chuva começou a cair e água começou a brotar da terra. Choveu por quarenta dias seguidos. Tudo o que existia no mundo inteiro foi destruído. No entanto, Noé e sua família foram salvos.

A arca flutuou livremente por 150 dias antes das águas baixarem. Ela parou no monte Ararate. Deus colocou um arco-íris no céu como um sinal da promessa de que ele nunca mais destruiria o mundo com um dilúvio. Em seguida, Noé e sua família deixaram a arca e estabeleceram uma nova dinastia na terra.

- Viveu dez gerações após Adão.
- Descendente de Sete, filho de Adão.
- Foi a primeira pessoa para a qual Deus deu permissão de matar animais para comer.
- Morreu com 950 anos – 350 anos após o dilúvio.

PONTOS FORTES

- Homem justo que andava fielmente com Deus.
- Obediente às instruções do Senhor.
- Excelente construtor de barcos.

PONTOS FRACOS

- Embriaguez.
- Falta de disciplina com seus filhos.

OGUE
O REI DOS GIGANTES

HISTÓRIA NA BÍBLIA:
Deuteronômio 3; Números 21.

NASCIMENTO: Por volta de 1500 a.C.

SIGNIFICADO DO NOME: "Pescoço longo".

OCUPAÇÃO: Rei de Basã.

PARENTES: Quatro filhos (nomes desconhecidos).

CONTEMPORÂNEO: Moisés.

FICOU CONHECIDO POR: Ser um rei gigante que foi derrotado por Moisés.

- Rei de Basã.
- Era um refaim, um dos gigantes descendentes dos nefilins.
- Muito temido pelos israelitas – uma das razões pelas quais eles não queriam ir para Canaã.
- O seu reino de Basã continha sessenta cidades muradas.
- Sua cama tinha mais de quatro metros de comprimento.
- Morto por Moisés e o exército israelita graças à provisão de Deus.
- Seus filhos também foram mortos, destruindo, assim, os refains em Canaã.
- Seu reino foi entregue à metade da tribo de Manassés.

HISTÓRIA NA BÍBLIA: Livro de Oséias.

NASCIMENTO: Por volta de 780 a.C.

SIGNIFICADO DO NOME: "O Senhor salva".

OCUPAÇÃO: Profeta.

PARENTES: Pai: Beeri. **Esposa:** Gômer.

CONTEMPORÂNEOS: Rei Jeroboão II e rei Ezequias.

FICOU CONHECIDO POR: Sua vida mostrar o plano de Deus para Israel.

- Viveu quando o reino do norte de Israel estava prestes a ser conquistado pela Assíria.

- Fiel a Deus.

- Foi chamado a se casar com uma mulher adúltera chamada Gômer, a fim de que o pecado de Israel ao adorar outros deuses fosse evidenciado.

- Toda vez que Gômer o deixava por outro homem, o Senhor mandava Oséias trazê-la de volta. O objetivo de Deus era mostrar que, embora Israel tivesse que viver no exílio por um tempo, o Senhor traria seu povo de volta para casa.

PAULO
APÓSTOLO DOS GENTIOS

VOCÊ SABIA?

Durante as viagens missionárias, Paulo ganhava dinheiro fazendo tendas.

HISTÓRIA NA BÍBLIA: Atos e as cartas de Paulo.

NASCIMENTO: Por volta de 4 a.C., em Tarso.

SIGNIFICADO DO NOME: "Pequeno".

OCUPAÇÃO: Fariseu e missionário.

PARENTES: Irmã e sobrinho (nomes desconhecidos).

CONTEMPORÂNEOS: Pedro, os discípulos, Lucas, Barnabé, Timóteo, Silas e o imperador Nero.

FICOU CONHECIDO POR: Escrever quase metade dos livros do Novo Testamento.

Paulo estava a caminho de Damasco com ordens para prender cristãos quando foi interrompido por uma luz radiante e a voz de Jesus chamando seu nome. Paulo ficou cego por três dias, até que um cristão chamado Ananias impôs as mãos sobre ele e restaurou sua visão. Ele soube, então, que Jesus era verdadeiramente o Filho de Deus. Embora Paulo tenha sido um perseguidor implacável dos cristãos, ele foi transformado e passou o restante da vida proclamando o nome de Jesus por todo o mundo.

Antes desse acontecimento, Paulo (conhecido como Saulo) era um fariseu muito respeitado que levava uma vida confortável e segura. Depois da conversão, sua vida se tornou bastante perigosa. Ele passou a ser ridicularizado, espancado, açoitado, preso, apedrejado e expulso de cidades por pregar Jesus.

Paulo embarcou em três viagens missionárias diferentes. Ele viajou mais de dez mil milhas a pé, enfrentou naufrágios, fome, insônia, perseguição, ameaças à vida, desânimo e solidão para falar às pessoas a respeito de Jesus. Quando foi preso, passou seu tempo na prisão, escrevendo cartas para encorajar e corrigir as igrejas fundadas por ele. Essas cartas se tornaram uma grande parte do Novo Testamento. Paulo não permitiu que nada o impedisse de pregar ao mundo sobre o amor e a salvação de Jesus Cristo.

- Seu nome hebraico era Saulo ("aquele que foi muito desejado").
- Fariseu judeu aluno do famoso mestre Gamaliel.
- Da tribo de Benjamim.
- Nasceu em uma cidade gentia com cidadania romana.
- Fundou várias igrejas na Ásia Menor.
- Acredita-se que tenha sido executado, em Roma, pelo imperador Nero.

PONTOS FORTES

- Culto, escritor talentoso.
- Pregador corajoso.
- Incansável em levar o evangelho a todos os cantos do mundo.
- Obediente ao chamado de Deus.

PONTOS FRACOS

- No início, era inimigo do cristianismo e perseguia cristãos.
- Supervisionou o apedrejamento de Estêvão.
- Tinha um espinho na carne – um mal não especificado que o atormentava.

PEDRO | A ROCHA

HISTÓRIA NA BÍBLIA: Mateus, Marcos, Lucas, João, Atos dos Apóstolos, 1 e 2Pedro.

NASCIMENTO: Por volta de 10 a.C., em Betsaida.

SIGNIFICADO DO NOME: "Rocha".

OCUPAÇÃO: Pescador.

PARENETS: Pai: Jonas. Irmão: André.

CONTEMPORÂNEOS: Jesus, os discípulos e Paulo.

FICOU CONHECIDO POR: Ser um dos apóstolos de Jesus e líder dos cristãos primitivos.

Certa vez, Pedro passou a noite inteira pescando, mas não pegou nada. De manhã, Jesus apareceu e disse para ele lançar as redes no mar mais uma vez. Pedro já tinha perdido as esperanças, entretanto, obedeceu ao Senhor. E pegou tantos peixes que a rede começou a arrebentar.

A vida de Pedro com Jesus era deste jeito: milagre atrás de milagre. Embora fosse corajoso e fiel a Jesus, Pedro muitas vezes dizia e fazia coisas sem pensar e isso o colocava em situações difíceis.

O mesmo ocorre conosco.

Numa ocasião, Pedro andou sobre as águas, mas, de repente, veio um vento e ele sentiu medo. Então começou a afundar. Outra vez, Jesus o repreendeu quando Pedro cortou a orelha de um dos soldados que tinha chegado para prender o Senhor no Jardim do Getsêmani. E, também, teve o momento em que Pedro negou conhecer Jesus.

No entanto, nada do que Pedro fizesse poderia impedir Deus de usá-lo para seus propósitos.

- Pescador .
- Morava em Cafarnaum com sua mulher e sogra.
- Foi apresentado a Jesus por seu irmão André.
- Nome original era Simão ("aquele que ouve").
- Caminhou sobre as águas com Jesus.
- Testemunhou a transfiguração.
- Líder do "Caminho" após a ascensão de Jesus ao céu.

PONTOS FORTES

- Seguidor leal de Jesus.
- Tornou-se líder dos apóstolos.
- Pregador poderoso.

PONTOS FRACOS

- Impulsivo e impetuoso.
- Negou Jesus três vezes.
- No início, tinha preconceito contra os gentios.

VOCÊ SABIA?

Pedro era, provavelmente, o único apóstolo com mais de trinta anos, pois só ele e Jesus foram obrigados a pagar o imposto do templo (Jesus mandou Pedro pegar um peixe e tirar a moeda de dentro de sua boca).

PÔNCIO PILATOS

HISTÓRIA NA BÍBLIA: Mateus 27; Marcos 15; Lucas 23; João 18–19.

NASCIMENTO: Por volta de 20 a.C.

SIGNIFICADO DO NOME: "Armado com uma lança".

OCUPAÇÃO: Governador romano da Judeia.

PARENTES: Desconhecidos.

CONTEMPORÂNEOS: Jesus, Tibério César, Anás, Caifás e Herodes Antipas.

FICOU CONHECIDO POR: Condenar Jesus à morte.

- Governador romano da Judeia quando Jesus foi preso.
- Nomeado por Tibério César.
- Morava em Cesareia; só ia até Jerusalém em ocasiões especiais.

PONTOS FORTES
- Esforçou-se para manter a paz.
- Tentou libertar Jesus.

PONTOS FRACOS
- Frequentemente cruel.
- Cedeu à pressão dos líderes judeus por medo.

Pôncio Pilatos sempre será lembrado por ter sido o homem que sentenciou Jesus à morte. Apesar disso, ele tentou evitar que a crucificação de Cristo acontecesse.

O ódio de Pilatos aos judeus era bem conhecido. Ele chegou a matar judeus e misturar seu sangue ao sangue de animais sacrificados aos deuses romanos. No entanto, ele sabia que Jesus era inocente e, possivelmente, teve um pressentimento de que matar Jesus seria uma péssima ideia. Até mesmo sua mulher disse para ele não fazer isso, pois ela tivera um sonho com Jesus que a deixou muito assustada.

Pilatos tentou fazer com que Herodes condenasse Jesus, mas ele se recusou. Então, Pilatos se ofereceu para libertar Jesus na celebração da Páscoa. Contudo, a multidão pediu que soltasse o criminoso Barrabás em vez de Jesus. Pilatos, então, mandou açoitar Jesus, na esperança de que fosse suficiente para a multidão. Porém, não foi. Ele implorou para Jesus declarar sua inocência. Mas Jesus ficou em silêncio.

Dessa forma, Pilatos sucumbiu à pressão, com medo de perder o emprego ou até a vida. No final das contas, ele acabou perdendo o emprego alguns anos depois. Alguns dizem que ele tirou a própria vida. Pilatos teria se sentido culpado pelo que fez? Embora já tivesse matado judeus no passado sem qualquer hesitação, algo em relação a Jesus deixou Pilatos muito amedrontado.

VOCÊ SABIA?

A "Pedra de Pilatos", um bloco de pedra com a inscrição do nome de Pilatos, foi encontrada por arqueólogos em um anfiteatro, na Cesareia. Ela prova que Pôncio Pilatos realmente existiu e foi o governador da Judeia durante o tempo de Jesus.

PRISCILA E ÁQUILA

UM CASAL PODEROSO DE CORINTO

HISTÓRIA NA BÍBLIA: Atos 18.

NASCIMENTO: Primeiro século d.C.

SIGNIFICADO DO NOME: Priscila: "Venerável". Áquila: "Águia" (ambos incertos).

OCUPAÇÃO: Fabricantes de tendas.

PARENTES: Desconhecidos.

CONTEMPORÂNEOS: Paulo e Apolo.

FICARAM CONHECIDOS POR: Ajudar Paulo a fundar as igrejas de Corinto e de Éfeso.

- Cristãos judeus primitivos.
- Estavam exilados de Roma quando os judeus foram expulsos pelo imperador Cláudio.
- Fundaram igrejas em sua própria casa em Corinto e em Éfeso.
- Paulo viveu com eles por algum tempo, fazendo tendas e pregando com eles.
- Arriscaram as vidas para ajudar Paulo.
- Acompanharam Paulo até Éfeso.
- Ensinaram o evangelho a Apolo.
- Retornaram à Roma para pregar aos cristãos de lá por um tempo.
- Em sua última carta, o apóstolo Paulo dedicou saudações finais a Priscila e Áquila.

RAINHA DE SABÁ

HISTÓRIA NA BÍBLIA: 1Reis 10; 2Crônicas 9.

NASCIMENTO: Por volta de 1000 a.C.

SIGNIFICADO DO NOME: O Nome verdadeiro é desconhecido.

OCUPAÇÃO: Rainha.

PARENTES: Desconhecidos.

CONTEMPORÂNEO: Salomão.

FICOU CONHECIDA POR: Fazer uma longa viagem para visitar o rei Salomão.

- De Sabá, que pode ter sido um lugar no sul da Arábia ou na Etiópia.
- De ascendência desconhecida.
- Ouviu falar da sabedoria de Salomão e decidiu conhecê-lo pessoalmente.
- Testou o rei Salomão com perguntas difíceis e ficou impressionada com as respostas.
- Ficou impressionada com o esplendor do palácio de Salomão.
- Louvou o Deus de Israel por ter colocado Salomão no trono.
- Deu ao rei Salomão uma enorme quantidade de ouro, joias e olíbano.
- O olíbano era uma resina aromática retirada de árvores do sul da Arábia e da Etiópia – e era o produto mais valioso da época.

RAABE

DE PROSTITUTA A HEROÍNA

HISTÓRIA NA BÍBLIA: Josué 2; 6.

NASCIMENTO: Por volta de 1430 a.C.

SIGNIFICADO DO NOME: "Orgulho".

OCUPAÇÃO: Prostituta.

PARENTES: Marido: Salmom. **Filho:** Boaz.

CONTEMPORÂNEO: Josué.

FICOU CONHECIDA POR: Ser heroína da batalha de Jericó.

- Morava em Jericó.
- Mencionada como uma das heroínas da fé no livro de Hebreus.
- Antepassada de Davi.
- Da linhagem de Jesus.

PONTOS FORTES

- Bondosa, compassiva e misericordiosa.
- Demonstrou grande coragem e inteligência ao esconder os espiões dos soldados.

PONTOS FRACOS

- Era pagã e prostituta, mas depois se casou com um israelita e aceitou ao Senhor como seu Deus.

Esta é uma história digna de um enredo de filme: Raabe, uma mulher pecadora, que vivia em uma cidade perversa recebe a visita de dois espiões do acampamento de Israel. Eles foram até lá para examinar a cidade antes do ataque dos israelitas. Embora fosse uma mulher cananeia, Raabe abrigou aqueles homens em sua casa, que ficava no muro da cidade.

Quando chegaram soldados à procura dos homens, ela os escondeu debaixo de talos de linho no terraço. Depois, ela os ajudou a fugir, fazendo com que descessem pela janela com uma corda.

Os espiões disseram para ela amarrar um cordão vermelho em sua janela para que ela e a sua família fossem poupados quando eles destruíssem Jericó. E foi exatamente isso que aconteceu.

Raabe mais tarde se casou com um príncipe da tribo de Judá, chamado Salmom. Não sabemos se ela viveu feliz para sempre, mas sua coragem e astúcia a marcaram como uma heroína.

VOCÊ SABIA?

A nossa Bíblia também usa o nome *Raabe* para se referir a um monstro marinho mítico e para se referir ao Egito.

RAQUEL

UMA LINDA MULHER

HISTÓRIA NA BÍBLIA: Gênesis 29–35.

NASCIMENTO: Anos 1900 a.C.

SIGNIFICADO DO NOME: "Ovelha".

OCUPAÇÃO: Pastora.

PARENTES: Marido: Jacó. **Tia:** Rebeca. **Pai:** Labão. **Irmã:** Lia.

FICOU CONHECIDA POR: Ser a mãe de José e de Benjamim.

- Vivia em Harã (norte da Síria).
- A filha mais nova e linda de Labão.
- Casou-se com Jacó (assim como a irmã, Lia).
- Jacó precisou trabalhar por 14 anos para se casar com ela.
- Estéril no início do casamento.
- Tinha tendência a ser teimosa e manipuladora.
- Roubou os deuses da casa do pai ("terafins") antes de sair de lá, talvez por pensar que lhe dariam boa sorte.
- Morreu ao dar à luz a Benjamim, na estrada para Belém.

REBECA

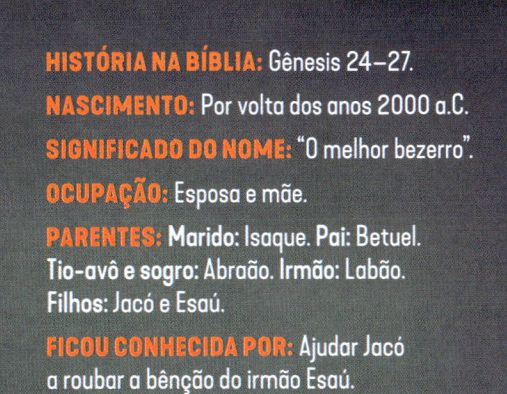

HISTÓRIA NA BÍBLIA: Gênesis 24–27.

NASCIMENTO: Por volta dos anos 2000 a.C.

SIGNIFICADO DO NOME: "O melhor bezerro".

OCUPAÇÃO: Esposa e mãe.

PARENTES: Marido: Isaque. **Pai:** Betuel. **Tio-avô e sogro:** Abraão. **Irmão:** Labão. **Filhos:** Jacó e Esaú.

FICOU CONHECIDA POR: Ajudar Jacó a roubar a bênção do irmão Esaú.

- Morava em Padã-Harã (noroeste da Mesopotâmia).
- Era muito linda.
- Casou-se com seu primo de segundo grau, Isaque, em uma das histórias de amor mais lindas da Bíblia.
- Não podia ter filhos nos primeiros vinte anos de seu casamento até, finalmente, engravidar de gêmeos – Jacó e Esaú.
- Deus prometeu a ela que seu filho mais velho (Esaú) serviria ao mais novo (Jacó).
  - Enganou Isaque para que ele abençoasse Jacó em vez de Esaú (fazendo com que Jacó se passasse pelo irmão).
  - Mandou Jacó ir morar com seu tio Labão quando soube que Esaú estava planejando matá-lo.
  - Morreu antes de Jacó voltar.

RUTE
UMA MULHER REDIMIDA

HISTÓRIA NA BÍBLIA: Livro de Rute.

NASCIMENTO: Por volta de 1175 a.C.

SIGNIFICADO DO NOME: "Companheira" ou "Aliada".

OCUPAÇÃO: Agricultora.

PARENTES: Primeiro marido: Quiliom. Segundo marido: Boaz. **Sogra:** Noemi. **Filho:** Obede.

CONTEMPORÂNEO: Gideão.

FICOU CONHECIDA POR: Deixar sua cidade natal para ficar com a sogra Noemi.

> **VOCÊ SABIA?**
>
> *Embora não fosse judia, Rute faz parte da linhagem de Jesus e é mencionada no livro de Mateus.*

- De Moabe.
- Os moabitas eram pagãos que sacrificavam crianças.
- Jovem viúva.

PONTOS FORTES
- Leal e compassiva.
- Corajosa, disposta a se aventurar em uma nova terra.
- Devota e crente no Senhor.

Rute, uma mulher moabita, casou-se com um homem judeu, cuja família havia se mudado para Moabe a fim de escapar da fome em Judá. Esse homem, seu pai e seu irmão morreram. Rute e a cunhada Orfa ficaram com a sogra Noemi, que resolveu voltar para Belém, sua cidade natal. No meio do caminho, Orfa mudou de ideia e voltou para Moabe. Somente Rute ficou com Noemi. Ela decidiu que faria de Israel o seu lar e o Deus de Noemi o seu Deus.

No início, as coisas foram difíceis para Rute e Noemi, pois elas eram muito pobres. Rute saía todos os dias para colher grãos nos campos próximos. Em pouco tempo, ela foi notada por um gentil proprietário de terras chamado Boaz, que era parente de Noemi. Por causa disso, ele pode ajudar aquelas mulheres em dificuldade. Graças à astúcia de Noemi, Boaz acabou se apaixonando por Rute. Eles se casaram e tiveram um filho, Obede. Anos mais tarde, Obede também teve um filho, Jessé, pai de Davi, o futuro rei.

O fato de Rute ter sido incluída na linhagem de Jesus demonstra como sempre fez parte do propósito de Deus agregar pessoas de todos os povos e nações, não apenas os judeus, no plano redentor para salvar o mundo do pecado e da morte.

HISTÓRIA NA BÍBLIA: 1 Reis 11–14; 2Crônicas 11–12.

NASCIMENTO: Por volta de 975 a.C.

SIGNIFICADO DO NOME: "O povo aumentou-se".

OCUPAÇÃO: Rei de Judá.

PARENTES: Pai: Salomão. **Mãe:** Naamá. **Filho:** Abias.

CONTEMPORÂNEOS: Jeroboão (rei do reino do norte de Israel) e Sisaque (rei do Egito).

FICOU CONHECIDO POR: Seu governo levar à divisão do reino de Israel.

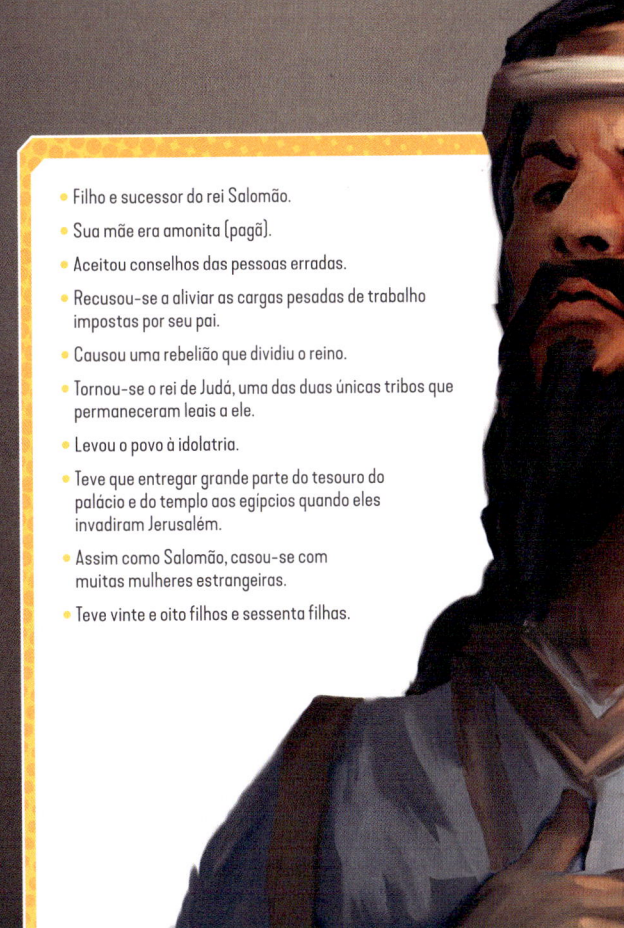

- Filho e sucessor do rei Salomão.
- Sua mãe era amonita (pagã).
- Aceitou conselhos das pessoas erradas.
- Recusou-se a aliviar as cargas pesadas de trabalho impostas por seu pai.
- Causou uma rebelião que dividiu o reino.
- Tornou-se o rei de Judá, uma das duas únicas tribos que permaneceram leais a ele.
- Levou o povo à idolatria.
- Teve que entregar grande parte do tesouro do palácio e do templo aos egípcios quando eles invadiram Jerusalém.
- Assim como Salomão, casou-se com muitas mulheres estrangeiras.
- Teve vinte e oito filhos e sessenta filhas.

SADRAQUE, MESAQUE E ABEDE-NEGO

TRÊS AMIGOS CORAJOSOS

HISTÓRIA NA BÍBLIA: Daniel 1; 3.

NASCIMENTO: Por volta de 620 a.C.

SIGNIFICADO DOS NOMES: Sadraque: "Comando de Aku (deus da lua)". Mesaque: "Quem é como Aku". Abede-Nego: "Servo de nego (deus da sabedoria)".

OCUPAÇÃO: Servos de Deus na Babilônia.

PARENTES: Desconhecidos.

CONTEMPORÂNEOS: Daniel e Nabucodonosor.

FICARAM CONHECIDOS POR: Sobreviver à fornalha em chamas.

198

- Seus nomes hebraicos eram Hananias ("o Senhor é misericordioso"), Misael ("quem é como o Senhor?") e Azarias ("o Senhor ajudou").
- Possivelmente eram príncipes em Jerusalém.
- Levados para a Babilônia como reféns alguns anos antes da conquista de Judá.
- Muito amigos de Daniel.
- Receberam instruções durante três anos para aprender os métodos babilônicos.
- Recusaram-se a comer a comida da mesa real.

PONTOS FORTES

- Muito inteligentes e corajosos.
- Fiéis ao Senhor.
- Não comprometiam a sua fé.

Embora Sadraque, Mesaque e Abede-Nego fossem reféns levados de Israel para a Babilônia, eles se destacaram na corte real daquele lugar. Eles eram os trabalhadores preferidos do rei Nabucodonosor... até o dia em que se recusaram a curvar-se diante de uma enorme estátua de ouro do rei. Furioso, Nabucodonosor ordenou que os três amigos fossem jogados em uma fornalha ardente. Eles disseram ao rei que seu Deus poderia salvá-los da fornalha. Contudo, mesmo que o Senhor não fizesse isso, os três não se curvariam diante da estátua ou de qualquer outro deus.

Isso deixou o rei ainda mais irritado. Os três amigos foram, então, amarrados e jogados no fogo, que estava tão quente que as chamas mataram os soldados que levaram Sadraque, Mesaque e Abede-Nego até lá. Porém, para espanto do rei Nabucodonosor, havia quatro homens "andando pelo fogo", e não três – e o quarto homem parecia um ser divino.

Nabucodonosor ordenou que os três amigos saíssem da fornalha e eles saíram, completamente ilesos, nem um só fio do cabelo tinha sido chamuscado. Os seus mantos não estavam queimados, e não havia cheiro de fogo neles. O rei ficou tão impressionado que louvou o Deus de Israel, que era infinitamente maior do que qualquer deus da Babilônia. Em seguida, Nabucodonosor ordenou que qualquer pessoa que insultasse o Deus de Sadraque, Mesaque e Abede-Nego fosse despedaçado, membro por membro, e a sua casa transformada em montes de entulho.

VOCÊ SABIA?

A estátua de ouro do rei Nabucodonosor tinha vinte e sete metros de altura e dois metros e setenta centímetros de largura.

SALOMÃO

UM REI SÁBIO E INSENSATO

HISTÓRIA NA BÍBLIA: 2Samuel 12; 1Reis; 1Crônicas

NASCIMENTO: Por volta de 1000 a.C., em Jerusalém

SIGNIFICADO DO NOME: "Paz".

OCUPAÇÃO: Terceiro rei de Israel.

PARENTES: **Pai:** Davi. **Mãe:** Bate-Seba. **Filho:** Roboão.

CONTEMPORÂNEOS: Profeta Natã e a rainha de Sabá.

FICOU CONHECIDO POR: Ter sido o rei mais sábio da história.

- Sucessor do rei Davi.
- Construiu um palácio espetacular.
- Construiu o templo em Jerusalém segundo as instruções de Davi.
- Aumentou consideravelmente o comércio com outras nações.
- Escreveu o livro de Provérbios, Cântico dos Cânticos e o livro de Eclesiastes.

PONTOS FORTES

- Conhecido por sua grande sabedoria.
- Extremamente rico.
- Escreveu canções e provérbios.

PONTOS FRACOS

- Casou-se com mulheres pagãs e passou a adorar os seus deuses.
- No fim foi infiel ao Senhor.
- Cobrou impostos injustos sobre o povo.

Quando Deus perguntou a Salomão o que ele mais desejava, a resposta foi sabedoria, para que ele pudesse governar bem o povo. O Senhor atendeu a sua oração. O rei Salomão impressionou muitas pessoas com a sua sabedoria, incluindo a rainha de Sabá, que viajou de longe para testá-lo pessoalmente.

Certa vez, duas mulheres levaram um bebê até ele – cada uma dizia ser a mãe da criança. Para ver quem estava dizendo a verdade, Salomão ordenou que o bebê fosse cortado ao meio para que cada mulher ficasse com uma metade. Uma delas concordou, mas a outra – a mãe verdadeira – disse que preferia entregar o filho à segunda mulher do que matá-lo.

O rei Salomão governou durante um longo período de paz e prosperidade. No entanto, à medida que envelhecia, tomava muitas decisões imprudentes. Ele teve mais de setecentas esposas, muitas de nações estrangeiras, que o levaram a adorar seus ídolos. Ele cobrou impostos pesados e injustos sobre o povo para que pudesse pagar seus enormes projetos de construção. Em pouco tempo a revolta tomou conta da nação.

Salomão foi o último rei a governar um Israel unido. Por causa da sua desobediência, o Senhor declarou que a nação de Israel deveria ser dividida em duas. E o filho de Salomão, Roboão, governaria sobre apenas duas das doze tribos. O reino do rei sábio começou com grande potencial, mas terminou em guerra, divisão e fracasso.

VOCÊ SABIA?

Salomão foi proclamado rei mesmo não sendo o filho mais velho de Davi.

SAMUEL
O PROFETA DE DEUS

HISTÓRIA NA BÍBLIA: 1Samuel.

NASCIMENTO: Por volta de 1100 a.C.

SIGNIFICADO DO NOME: "Seu nome é Deus".

OCUPAÇÃO: Profeta.

PARENTES: Pai: Elcana. Mãe: Ana.

CONTEMPORÂNEOS: Eli, Saul e Davi.

FICOU CONHECIDO POR: Ungir os dois primeiros reis de Israel.

Samuel foi o último juiz de Israel, pois o povo decidiu que queria um rei. Então, Deus guiou Samuel para ungir, como rei, um pastor de jumentos chamado Saul. Ele começou bem, porém o seu reinado terminou em desastre. Samuel repreendia Saul constantemente por tentar resolver os problemas com as próprias mãos e por se recusar a seguir as orientações de Deus.

Saul tentou se colocar no lugar do sacerdote, usurpando o lugar de Samuel, por causa da ansiedade em receber a ajuda de Deus antes de entrar no campo de batalha. Ele se precipitou, agiu prematuramente, e ofereceu um sacrifício sem autorização. Esse grave erro de presunção foi o começo da queda do primeiro rei de Israel. Mas o Senhor já havia escolhido o substituto de Saul e enviou Samuel até Belém para ungir como rei o filho mais novo de Jessé – que era Davi.

O rei Saul também contratou uma mulher que invocava espíritos em En-Dor para saber o resultado de uma batalha, apesar de ele mesmo ter proibido o uso de médiuns para consultar mortos. Saul e seus filhos morreram no dia seguinte durante a batalha.

E Samuel morreu antes de Davi assumir o trono e se tornar rei.

- Foi dedicado ao Senhor por sua mãe antes de nascer.
- Criado no tabernáculo pelo sumo sacerdote Eli.
- Ungiu Saul e Davi como reis de Israel.
- Suas orações deram aos israelitas vitória sobre os filisteus quando Deus enviou uma tempestade para dispersar o inimigo.
- Viajou por Israel, pregando e ministrando.
- Advertiu Israel sobre os perigos de ter um rei os governando.

PONTOS FORTES

- Sábio e devoto.
- Tinha um relacionamento íntimo com Deus.
- Ouvia a voz do Senhor desde muito jovem.

PONTOS FRACOS

- Permitiu que seus próprios filhos aceitassem subornos e abusassem do poder.

SANSÃO | O SUPER-HERÓI DA BÍBLIA

HISTÓRIA NA BÍBLIA: Juízes 13–16.

NASCIMENTO: Por volta de 1100 a.C, em Zorá, Canaã.

SIGNIFICADO DO NOME: "Filho do sol".

OCUPAÇÃO: Juiz e libertador.

PARENTES: Pai: Manoá. **Esposa:** Nome desconhecido (filisteia).

CONTEMPORÂNEO: Dalila.

FICOU CONHECIDO POR: Dar início a uma revolta do povo hebreu contra o povo filisteu.

O nascimento de Sansão, assim como o de Jesus, foi anunciado aos seus pais por um anjo.

- Era nazireu, o que significava que nunca poderia beber vinho, comer algo impuro, tocar em um cadáver ou cortar o cabelo.
- Da tribo de Dã.
- Foi juiz em Israel por vinte anos.
- Matou um leão quando estava a caminho de pedir sua mulher em casamento.
- Uma vez amarrou tochas em trezentas raposas e as enviou ao território filisteu para queimar todos os seus campos de grãos.
- Usou a queixada de um jumento para matar mil filisteus.
- Amava contar enigmas.
- Removeu os portões da cidade de Gaza e os carregou por mais de setenta quilômetros até Hebrom.
- É mencionado como um dos heróis da fé no livro de Hebreus.

PONTOS FORTES

- Extremamente forte fisicamente.
- Muito inteligente.
- Foi dedicado a Deus antes de nascer.
- Ajudou a libertar os israelitas da opressão dos filisteus.

PONTOS FRACOS

- Quebrava promessas com frequência.
- Era agressivo.
- Confiava nas pessoas erradas.
- Usou seus dons de forma insensata.

Sansão é o personagem bíblico que mais se assemelha a um super-herói (além de Jesus, é claro). Ele nasceu com uma força fora do comum, mas não nasceu com muito bom senso. Sansão quebrou seus votos de nazireu, casou-se com uma mulher filisteia, fez várias apostas imprudentes e participava de ataques assassinos, chegando a matar mais de quatro mil homens em uma guerra privada.

O pior de tudo, foi ter se apaixonado por Dalila, uma mulher linda, porém traiçoeira. Os filisteus a desafiaram a tentar descobrir qual era a fonte da força de Sansão para que pudessem matá-lo. Dalila insistiu para que Sansão contasse seu segredo. Ela chegou a lhe perguntar isso quatro vezes. Então, Sansão finalmente contou à Dalila verdade: se o seu cabelo fosse cortado, ele perderia todas as forças.

Você pode imaginar o que Dalila fez a seguir. Assim que Sansão dormiu, ela cortou seu cabelo. Em seguida, os soldados vieram e levaram Sansão. Eles arrancaram seus olhos e o prenderam. Após zombarem dele e o espancarem, eles amarraram Sansão entre duas colunas no templo do seu deus, Dagom. Depois ele foi exibido diante de milhares de filisteus.

Então, finalmente, Sansão orou. Ele pediu ao Senhor para receber sua força de volta por uma última vez. Deus respondeu sua oração. Sansão forçou as duas colunas centrais sobre as quais o templo se firmava. O templo inteiro desabou e matou todos os que estavam lá dentro — o que deu início a uma revolta contra os filisteus que só terminaria com o rei Davi, cinquenta anos depois.

Com esse ato de sacrifício supremo, Sansão finalmente se tornou o herói que Deus o criou para ser. Foi um prenúncio do que aconteceria 1100 anos depois, quando Jesus, pregado na cruz, daria sua vida para salvar seu povo do pecado.

SARA

A MÃE MAIS VELHA DO MUNDO

HISTÓRIA NA BÍBLIA: Gênesis 17–25 .

NASCIMENTO: Anos 2100 a.C.

SIGNIFICADO DO NOME: "Princesa".

OCUPAÇÃO: Esposa e mãe.

PARENTES: Pai: Terá. **Marido:** Abraão. **Meio-irmãos:** Abraão, Naor e Harã. Sobrinho: Ló. **Filho:** Isaque.

FICOU CONHECIDA POR: Ter tido um filho com noventa anos de idade.

VOCÊ SABIA?

O marido de Sara, Abraão, também era bem velho quando ela engravidou.

- De Ur (atual Iraque).
- Não podia ter filhos até Deus intervir.
- Morreu aos 127 anos.

PONTOS FORTES

- Corajosa: suportou longas mudanças e até mesmo o exílio.
- Muito bonita.

PONTOS FRACOS

- Tratava mal sua serva.
- Sua manipulação para dar um filho a Abraão causou muita angústia na família.
- Expulsou Hagar e Ismael de casa após o nascimento de Isaque.

Sara era a esposa de Abraão e é a mãe da nação judaica como a conhecemos. No entanto, ela também ficou conhecida como a mulher que riu.

E por que ela riu? Porque três homens apareceram certo dia na tenda do seu marido para dizer a ele que Sara teria um bebê. Ela estava com noventa anos quando isso aconteceu e nunca havia conseguido engravidar. Sara deve ter pensado que aqueles homens eram loucos.

Contudo, dois deles eram anjos e o terceiro era o próprio Deus. E nada é impossível para o Senhor. Assim, um ano depois, Sara deu à luz a um filho. E Sara deu a ele um nome muito apropriado: Isaque, que significa "riso".

SATANÁS — O MAIOR PERDEDOR

HISTÓRIA NA BÍBLIA:
Gênesis 3; os Evangelhos e Apocalipse.

SIGNIFICADO DO NOME:
"Acusador", "adversário".

OCUPAÇÃO: Líder do reino das trevas.

FICOU CONHECIDO POR: Tentar os seres humanos a pecar.

Outros nomes de Satanás: Lúcifer, Diabo, Belzebu, Belial, Príncipe deste mundo, Príncipe das potestades do ar, o dragão, a velha serpente, Tentador, pai da mentira, o Maligno.

No Antigo Testamento, "Satanás" às vezes é referido como um ser espiritual que testava ou provocava os seres humanos a pecar.

Satanás fez a primeira aparição na Bíblia como uma serpente astuta no Jardim do Éden para tentar Adão e Eva a desobedecerem a ordem de Deus. Ele foi bem-sucedido em sua empreitada, pois Eva caiu em sua armadilha e ainda induziu Adão a fazer o mesmo. Eles foram, então, expulsos do jardim para sempre e amaldiçoados por Deus. Satanás parecia ter vencido.

Deus colocou uma maldição sobre a serpente. E quatro mil anos depois, Jesus veio ao mundo para cumprir essa maldição. Satanás tenta fazer Jesus pecar e perde feio. Em seguida, com a ressurreição de Jesus, o domínio de Satanás sobre a humanidade foi quebrado. Ele foi derrotado, embora ainda não tenha sido completamente destruído.

Satanás se opõe a Deus, porém, ele não é um opositor à altura do Senhor. Ele é menor do que Deus e ainda está sob o seu domínio. Satanás só pode fazer aquilo que Deus permite que ele faça. Ele treme de medo e foge só de ouvir o nome do Senhor.

De acordo com João, autor do livro de Apocalipse, a derrota final de Satanás se dará no fim dos tempos, quando haverá uma grande batalha. Nessa luta, Jesus liderará um exército de anjos contra Satanás e seus demônios. Satanás, "o grande dragão", será lançado no lago de fogo junto com todos os seus anjos rebeldes. E esse será o seu fim.

SAUL

O PRIMEIRO REI DE ISRAEL

HISTÓRIA NA BÍBLIA: 1Samuel.

NASCIMENTO: Por volta de 1080 a.C.

SIGNIFICADO DO NOME: "Pedido a Deus".

OCUPAÇÃO: Pastor de jumentos e rei.

PARENTES: Pai: Quis. **Mulheres:** Ainoã e Rispa.
Filhos: Jônatas, Abinadabe, Malquisua e Isboset.
Filhas: Merabe e Mical.

CONTEMPORÂNEOS: Samuel e Davi.

FICOU CONHECIDO POR: Ter sido o primeiro rei de Israel.

Saul era o homem com a melhor aparência de Israel. Ele parecia um rei de conto de fadas – exatamente o tipo de rei que o povo esperava. Saul ganhou muitas batalhas e foi saudado como herói, junto ao seu filho Jônatas.

No entanto, logo Saul começou a fazer as coisas do seu jeito, em vez de obedecer a Deus. Portanto, o Senhor removeu o seu Espírito do rei Saul e enviou um espírito maligno para atormentá-lo. Para acalmar esse espírito maligno, os servos de Saul encontraram um menino, pastor de ovelhas, chamado Davi, para tocar harpa para ele. Saul não sabia que aquele era o mesmo menino ungido por Samuel para ser o próximo rei de Israel.

No momento em que Davi matou o filisteu Golias, os israelitas consagraram um novo herói para si. Embora Saul tenha dado a sua filha Mical a Davi em casamento, ele logo teve a intenção de matar Davi, que acabou precisando fugir para não ser assassinado.

Saul passou a fazer julgamentos precipitados e a tomar péssimas decisões militares. Antes de sua última luta, ele sentiu tanto medo, que contratou uma médium para convocar o espírito de Samuel e perguntar a ele o que aconteceria. O espírito disse que ele e seus filhos morreriam durante a batalha.

Quando a batalha estava praticamente perdida e os seus filhos já estavam mortos, Saul – que já estava ferido por uma flecha – se matou para que não caísse nas mãos dos filisteus. Um triste fim para o que poderia ter sido uma vida promissora.

- Pastor de jumentos.
- Da tribo de Benjamim.
- Saiu para procurar uma jumenta perdida e encontrou Samuel, que o ungiu rei de Israel.

PONTOS FORTES

- Alto, bonito e humilde (no início).
- Grande líder militar.
- Corajoso nas batalhas e querido por seus homens.

PONTOS FRACOS

- Impulsivo e irracional.
- Tornou-se orgulhoso e desobediente.
- Sentiu inveja de Davi e tentou matá-lo.
- Consultou uma médium.

VOCÊ SABIA?

Saul era tão tímido no início que, ao ser apresentado ao povo como rei, ele se escondeu atrás de algumas bagagens.

SILAS

O AMIGO DE PEDRO E PAULO

HISTÓRIA NA BÍBLIA: Atos 15–18.

NASCIMENTO: Primeiro século d.C.

SIGNIFICADO DO NOME: "Pedido a Deus".

OCUPAÇÃO: Missionário.

PARENTES: Desconhecidos.

CONTEMPORÂNEOS: Paulo, Pedro, Marcos, Barnabé e Timóteo.

FICOU CONHECIDO POR: Ser o companheiro de viagem de Paulo.

- Também conhecido como Silvano.
- Cidadão romano que morava em Jerusalém.
- Líder da igreja e respeitado em Jerusalém.
- Tornou-se companheiro de viagem do apóstolo Paulo depois que ele se separou de Barnabé.
- Ajudou Paulo e Pedro a escrever algumas cartas.

Certa vez, Paulo e Silas foram açoitados e presos em Filipos por expulsarem um demônio de uma escrava. Embora seus pés estivessem amarrados em troncos para que não pudessem se mover, eles cantaram louvores ao Senhor a noite inteira.

De repente, houve um terremoto violento e todas as portas da prisão se abriram. O carcereiro pensou que os prisioneiros tinham escapado. Ele estava prestes a se matar pelo seu fracasso em tomar conta da prisão, mas Paulo e Silas garantiram ao carcereiro que ainda estavam lá dentro. Ele ficou tão impressionado que levou os dois para a própria casa, lavou suas feridas e pediu que batizassem a ele e a toda a sua família.

SIMÃO, O MAGO

HISTÓRIA NA BÍBLIA: Atos 8.

NASCIMENTO: Primeiro século d.C.

SIGNIFICADO DO NOME: "Simão, o feiticeiro".

OCUPAÇÃO: Feiticeiro.

PARENTES: Desconhecidos.

CONTEMPORÂNEOS: Pedro, João e Filipe.

FICOU CONHECIDO POR: Tentar comprar o poder do Espírito Santo.

Simão, o Mago foi uma grande celebridade de seu tempo. O grande feiticeiro da Samaria surpreendia tanto as pessoas com seus poderes mágicos que elas o chamavam de "Grande Poder". Então, o apóstolo Filipe chegou à cidade para pregar sobre Jesus. E Simão, junto com muitos outros, creu e foi batizado. Mas sua fé era superficial.

Quando Pedro e João chegaram, Simão ofereceu dinheiro a Pedro para que ele pudesse lhe dar o poder do Espírito Santo. Isso porque Simão sabia que esse poder era que curava, fazia milagres e fazia as pessoas falarem em línguas.

No entanto, Pedro percebeu que Simão não era um cristão verdadeiro; tudo o que lhe interessava era o poder, pois o queria para impressionar as pessoas. Pedro disse a ele que seu coração não era reto diante de Deus e o aconselhou a se arrepender para que pudesse ser perdoado pelo Senhor. Simão pediu que Pedro orasse por ele, mas não sabemos se ele se arrependeu verdadeiramente. Hoje, a palavra simonia se refere ao uso da religião para lucro pessoal.

TIAGO
O IRMÃO DE JESUS

HISTÓRIA NA BÍBLIA: Livro de Tiago.

NASCIMENTO: Primeiro século d.C.

SIGNIFICADO DO NOME: Uma variação de Jacó, "Aquele que vem do calcanhar".

OCUPAÇÃO: Presbítero da igreja.

PARENTES: Irmão: Jesus. **Mãe:** Maria. **Pai:** José.

FICOU CONHECIDO POR: Ser o líder da igreja em Jerusalém.

- Irmão mais novo de Jesus.
- Não acreditava, no início, que Jesus era o Messias e achava que ele era louco.
- Encontrou-se com Jesus após a ressurreição e então acreditou que ele era realmente o Filho de Deus.
- Escreveu o livro de Tiago.
- Presidente do primeiro conselho da Igreja, no qual foi decidido que os gentios não precisavam seguir todas as leis judaicas para se tornarem cristãos.
- Morreu como mártir por causa da fé cristã, provavelmente por apedrejamento.

O FILHO DO TROVÃO | TIAGO

HISTÓRIA NA BÍBLIA: Mateus 4; Marcos 1; Lucas 5.

NASCIMENTO: Primeiro século d.C.

SIGNIFICADO DO NOME: Uma variação de Jacó, "Aquele que vem do calcanhar".

OCUPAÇÃO: Pescador e apóstolo.

PARENTES: Irmão: João. **Pai:** Zebedeu. **Mãe:** Salomé.

FICOU CONHECIDO POR: Ser um dos doze apóstolos.

- Irmão mais velho do apóstolo João.
- Família rica e bem-sucedida.
- Pescador no mar da Galileia com João, Pedro e André.
- Ajudou a trazer uma grande carga de pesca (um dos milagres de Jesus).
- Um dos membros do círculo íntimo de Jesus, junto com Pedro e João.
- Ele e João foram apelidados por Jesus de "filhos do trovão" por causa da sua ousadia e do seu temperamento forte.
- Quis que descesse fogo do céu sobre um vilarejo que se recusou a receber Jesus.
- Perguntou se poderia se sentar ao lado de Jesus quando ele assumisse o seu trono.
- Estava presente na ressurreição da filha de Jairo e na transfiguração de Jesus.
- O primeiro apóstolo a morrer como mártir – morto pela espada, conforme a ordem de Herodes Agripa.

TIMÓTEO
O FILHO ESPIRITUAL DE PAULO

HISTÓRIA NA BÍBLIA: Atos 16–19; 1 e 2Timóteo

NASCIMENTO: Primeiro século d.C.

SIGNIFICADO DO NOME: "O que honra a Deus".

OCUPAÇÃO: Missionário.

PARENTES: Mãe: Eunice. Avó: Lois. Pai: Nome desconhecido (um gentio grego).

CONTEMPORÂNEOS: Paulo, Lucas, Silas, Marcos e Pedro.

FICOU CONHECIDO POR: Ser aluno e pupilo de Paulo.

- Nascido e criado em Listra, na Ásia Menor.
- Sua mãe era judia convertida ao cristianismo e seu pai um gentio grego.
- Um pouco reservado e tímido.
- Sofria de doenças estomacais.
- Convertido e batizado por Paulo durante sua primeira viagem missionária.
- Viajou com Paulo em mais duas viagens missionárias.
- Encarregado da igreja de Éfeso.
- Passou algum tempo na prisão.
- Foi o destinatário de duas cartas de Paulo.
- Teve participação como coautor de várias outras cartas de Paulo.
- Era "como um filho" para Paulo e passou mais tempo com ele do que qualquer outra pessoa.

HISTÓRIA NA BÍBLIA: 1 e 2Coríntios; Gálatas; 2Timóteo; Tito.

NASCIMENTO: Primeiro século d.C.

SIGNIFICADO DO NOME: "Honrado" (incerto).

OCUPAÇÃO: Missionário.

PARENTES: Pais: Nomes desconhecidos.

CONTEMPORÂNEOS: Paulo e Timóteo.

FICOU CONHECIDO POR: Ter sido o primeiro gentio a ser aceito como cristão pela igreja de Jerusalém.

- Grego de nascimento.
- Convertido ao cristianismo por meio de Paulo.
- O primeiro a ser aceito como cristão sem precisar se conformar à lei judaica.
- Amigo próximo e companheiro de Paulo.
- Habilidoso na resolução de problemas.
- Enviado por Paulo a Corinto para resolver a situação entre o apóstolo e a igreja dos coríntios.
- Coletou uma oferta em Corinto para enviar à igreja de Jerusalém, que enfrentava dificuldades.
- Foi colocado como o responsável pela igreja na ilha de Creta, que estava cheia de falsos mestres e conflitos.
- Recebeu incentivo para o seu ministério por meio de uma carta pessoal do apóstolo Paulo.
- Chamado por Paulo de "meu verdadeiro filho em nossa fé comum".

TOMÉ

AQUELE QUE DUVIDOU

HISTÓRIA NA BÍBLIA: João 11; 20–21

NASCIMENTO: Primeiro século d.C.

SIGNIFICADO DO NOME: "Gêmeo" em aramaico.

OCUPAÇÃO: Apóstolo.

PARENTES: Desconhecidos.

CONTEMPORÂNEOS: Jesus e os discípulos.

FICOU CONHECIDO POR: Duvidar da ressurreição de Jesus.

- Também chamado de Dídimo (grego para "gêmeo").
- Disposto a morrer com Jesus em Jerusalém.
- Pediu a Jesus, antes de sua prisão, que explicasse para onde estava indo e como os discípulos poderiam ir para lá com o Senhor.
- Não acreditou que Jesus havia ressuscitado até ele aparecer e mostrar suas feridas.
- Declarou a sua fé de que Jesus era verdadeiramente Deus quando o viu pessoalmente.

HISTÓRIA NA BÍBLIA: 2Reis 14–15; 2Crônicas 26.

NASCIMENTO: Por volta de 800 a.C.

SIGNIFICADO DO NOME: "Minha força é Deus".

OCUPAÇÃO: Décimo rei de Judá.

PARENTES: **Pai:** Amazias. **Mãe:** Jecolias.

CONTEMPORÂNEOS: Isaías, Oséias, Amós e Azarias, o sacerdote.

FICOU CONHECIDO POR: Seu orgulho tê-lo levado à ruína

- Foi coroado rei aos 16 anos, depois que seu pai foi assassinado.
- Chamado de "Azarias" em 2Reis.
- Reinou por 52 anos.
- Fazia o que era certo aos olhos do Senhor.
- Prosperou nos primeiros anos.
- Famoso por sua bravura militar e seu exército forte.
- Tornou-se orgulhoso com o passar dos anos.
- O Senhor o fez leproso quando ele tentou fazer uma oferta no altar do incenso, algo que só era permitido aos sacerdotes.
- Foi obrigado a viver em isolamento pelo restante da vida e não podia entrar no templo.
- Seu filho Jotão assumiu suas funções até a sua morte.

XERXES | *O REI PERSA*

HISTÓRIA NA BÍBLIA: Livro de Ester, também mencionado em Esdras.

NASCIMENTO: 518 a.C. em Susã, capital da Pérsia.

SIGNIFICADO DO NOME: "Governante de heróis" (incerto).

OCUPAÇÃO: Rei da Pérsia de 486 a 465 a.C.

PARENTES: Pai: Dario, o Grande. **Mãe:** Atossa (filha de Ciro, o Grande).
Primeira esposa: Vasti. **Segunda esposa:** Ester.

FICOU CONHECIDO POR: Quase exterminar o povo judeu que vivia na Pérsia.

- Também conhecido como Assuero.
- Governante do império persa, que era a superpotência mundial.
- Realizou um banquete que durou 180 dias.
- Destituiu sua rainha quando ela desobedeceu a uma ordem dada a ela: comparecer ao banquete.
- Escolheu Ester, uma garota judia, para ser sua próxima rainha.
- Foi convencido a assinar um decreto que condenava todos os judeus da Pérsia à morte.
- Graças a Ester, ele escreveu um segundo decreto que permitia que os judeus se armassem e se protegessem de qualquer ataque.
- Tentou conquistar a Grécia, mas não conseguiu.
- Foi assassinado por seu próprio segurança.

ZACARIAS

HISTÓRIA NA BÍBLIA: Lucas 1.

NASCIMENTO: Por volta de 50 a.C.

SIGNIFICADO DO NOME: "Deus se lembrou".

OCUPAÇÃO: Sacerdote.

PARENTES: Esposa: Isabel. Filho: João Batista.

CONTEMPORÂNEOS: Maria e Jesus.

FICOU CONHECIDO POR: Receber a mensagem, anunciada por um anjo, de que ele teria um filho.

- Sacerdote da linhagem de Arão.
- Pertencia ao grupo sacerdotal de Abias (havia vinte e quatro divisões sacerdotais, cada uma designada a servir no templo por duas semanas a cada ano).
- Obediente e irrepreensível aos olhos de Deus.
- Idoso e sem filhos.
- Foi escolhido por sorteio para oferecer incenso no santuário do Senhor – algo raro e de muita honra.

Um anjo apareceu a Zacarias no dia em que ele foi ao templo para queimar incenso. O anjo disse que sua mulher Isabel teria um filho e deveria dar a ele o nome de João e ele seria um grande homem, disse o anjo, e ele prepararia o caminho para a vinda do Messias.

Zacarias ficou com muito medo do anjo no início. Mas, depois, ele teve dificuldade de acreditar no que foi anunciado. Zacarias respondeu que sua mulher Isabel já era idosa e tinha passado da idade de ter filhos. Além disso, ela era estéril.

A resposta de Zacarias irritou o anjo, que disse: "Sou Gabriel, o que está sempre na presença de Deus." E, por causa da incredulidade de Zacarias, Gabriel disse que ele ficaria mudo até o nascimento da criança.

Exatamente como o anjo havia dito, Isabel engravidou e teve um filho meses depois. Parentes e amigos reuniram-se para celebrar o milagroso nascimento. Todos disseram para Zacarias dar seu nome ao menino, porém, o velho sacerdote pediu uma tábua e escreveu nela: "O nome dele é João."

Imediatamente, Zacarias voltou a falar.

ZAQUEU — UM PECADOR SALVO

HISTÓRIA NA BÍBLIA: Lucas 19.

NASCIMENTO: Primeiro século d.C.

SIGNIFICADO DO NOME: "Inocente".

OCUPAÇÃO: Chefe dos publicanos de Jericó.

PARENTES: Desconhecidos.

CONTEMPORÂNEO: Jesus.

FICOU CONHECIDO POR: Subir em uma árvore para ver Jesus.

Zaqueu tinha o trabalho mais odiado da Judeia: era cobrador de impostos. Até os sacerdotes consideravam os cobradores de impostos como pessoas irrecuperáveis, porque, muitas vezes, eles roubavam os pobres, exigindo mais do que era correto. Mas quando Jesus foi para Jericó, Zaqueu quis vê-lo. Como a multidão era muito grande e ele era baixo, correu na frente de todos e subiu em uma figueira para conseguir vê-lo no momento em que o Senhor passasse.

Jesus viu Zaqueu na árvore e o chamou pelo nome. Ele mandou o cobrador de impostos descer, pois queria ficar em sua casa naquela noite. Zaqueu ficou tão feliz em conhecer Jesus que decidiu dar metade de todos os seus bens aos pobres e pagar quatro vezes mais a todas as pessoas roubadas por ele.

Embora muita gente tenha reclamado que Jesus havia demonstrado compaixão por um pecador tão grande, o Senhor declarou que "veio buscar e salvar o que estava perdido". E, naquele dia, uma alma perdida foi salva por ele.

ZEDEQUIAS

O REI PRISIONEIRO

HISTÓRIA NA BÍBLIA: 2Reis 24–25; 2Crônicas 36; Jeremias 52.

NASCIMENTO: Por volta de 620 a.C.

SIGNIFICADO DO NOME: "O Senhor é a minha justiça".

OCUPAÇÃO: Rei de Judá.

PARENTES: Pai: Josias. **Mãe:** Hamutal.
Irmãos: Joaquim e Joacaz.
Filhos: Nomes desconhecidos.

CONTEMPORÂNEOS: Nabucodonosor, Jeremias e Ezequiel.

FICOU CONHECIDO POR: Ter sido o último rei de Judá.

- Seu nome original era Matanias, mas Nabucodonosor mudou seu nome para Zedequias.
- Nabucodonosor o colocou para reinar em seu lugar quando ele tinha vinte e um anos de idade, após a primeira invasão da Babilônia.
- Reinou por onze anos.
- Tio do rei anterior, Jeoaquim, que foi levado para a Babilônia junto com muitos líderes de Judá.
- Frequentemente repreendido por Jeremias e Ezequiel.
- Conspirou contra Nabucodonosor, fazendo com que ele invadisse Jerusalém pela segunda vez.
- Tentou fugir, mas foi capturado perto de Jericó.
- Seus filhos foram mortos na sua frente. Depois, ele teve seus olhos arrancados e foi levado para a prisão na Babilônia, onde permaneceu até sua morte.

Esta obra foi impressa no Brasil e conta com a
qualidade de impressão e acabamento
Geográfica Editora.

Printed in Brazil.